한섬아이의
진짜로 짧은 글

소풍

■ 지봉수 詩集

19

한섬아이의 진짜로 짧은 글

소풍 ⑲

초판 1쇄 인쇄 2025년 01월 15일
초판 1쇄 발행 2025년 01월 31일

신고번호 제313-2010-376호
등록번호 105-91-58839

지은이 지봉수

발행처 보민출판사
발행인 김국환
기획 김선희
편집 조예슬
디자인 다인디자인

ISBN 979-11-6957-257-6   03810

주소 경기도 파주시 해올로 11, 우미린더퍼스트@ 상가 2동 109호
전화 070-8615-7449
사이트 www.bominbook.com

• 가격은 뒤표지에 있으며, 파본은 구입하신 서점에서 교환해드립니다.
• 이 책은 저작권법에 의하여 보호를 받는 저작물이므로 무단 전재와 복사를 금합니다.

한섬아이의
진짜로 짧은 글

소풍

지봉수 詩集

19

당신을 제일 사랑한 죄로
부부가 되었고
평생을
죽어라 싸운다네

당신을 두번째로 사랑했다면
부부는 못되어도
평생을
사랑했을 것을

| 머리말 |

부족한 글에
황송한 꼬리글을 주신
우리 님들에게
크은 감사를 드립니다.
긴 꼬리글은 제가 임의로 줄였습니다.
용서를 빕니다.

| 목차 |

머리말 … 4

사랑을 하세요

억울합니다	… 12
모두가 돌아간다	… 14
지금	… 15
사랑을 하세요	… 16
Knowledge is Power	… 17
옛말이 있습니다	… 18
오래된 팝송입니다	… 19
햇살 좋은 날 (1)	… 20
햇살 좋은 날 (2)	… 21
하늘을 나는 방법	… 22
장사 노납니다	… 24
솔로몬의 선택	… 25
꿈 보다 해몽	… 26
익스트림 스포츠	… 27
나는 세상에서 제일 예쁘다	… 28
미인이 되었습니다	… 29
난 외로워도	… 30
첫눈	… 31

결혼 이야기

넌 어느 별에서 왔니	… 34
계란후라이를 하며	… 35
블랙홀	… 36
국산품	… 37
그래서 싼 거야	… 38
내가 산 만두는 맛이 없다	… 39
맛집 기행	… 40
위 아 더 월드	… 41
아버지는 소장수	… 42
나는 왕자	… 43
신문에 대문짝만하게 났다	… 44
쵸이스	… 45
골뱅이를 줍다	… 46
요즘 사랑	… 47
그녀는 날아가고	… 48
덫	… 49
여름 휴가	… 50
중복(中伏)	… 51

나도 사랑했는데	… 52
칵테일과 폭탄주	… 53
만성 장염이란다	… 54
선지국밥	… 56
찰떡 이야기	… 57
평양 가는 길	… 58
축구가 제일 좋다	… 59
마음을 보여주고 싶었습니다	… 60
크리스마스 선물	… 61
미루지 마십시오	… 62
결혼 이야기	… 63
술을 마셔도	… 64
주말부부	… 65

술이 덜 깼다

간디의 일화처럼	… 68
딸기야 어디 있나	… 69
무지개 하늘소	… 70
나는 소심하다 (1)	… 72
아고 예쁜 것	… 73
누구나 걱정은 있다	… 74
약속을 꼭 지키세요	… 75
사탕 이야기	… 76
백수 이야기	… 77

한잔하는 날	… 78
핑계없는 무덤은 없다	… 79
술이 덜 깼다	… 80
술이 확 깼다	… 81
술취하면 보이는 글	… 82
나는 안다	… 83
술 안 마시려고 했습니다	… 84
단골손님	… 86
부메랑이 왔다	… 87
사랑해요 여보	… 88
결혼은 전시용이 아니다	… 89
당신 힘든 거 알아	… 90
구천일심(九淺一深)	… 91
하고 싶다	… 92
모기새끼 때문에	… 93
나는 소심하다 (2)	… 94
장미의 전쟁	… 95

술 마시다가 도망가도 됩니다

개새끼는 불독	… 98
운명(運命)	… 99
맥가이버	… 100
반주가 좋다	… 101
술 마실 돈은 있어도	… 102
순간이동	… 103

친구가 죽었습니다	… 104
마지막 술 이야기 (1)	… 106
마지막 술 이야기 (2)	… 107
마지막 술 이야기 (3)	… 108
마지막 술 이야기 (4)	… 109
마지막 술 이야기 (5)	… 110
Once upon a time in KOREA	… 111
술 마시다가 도망가도 됩니다	… 113
그래서 바보	… 114
냉장고	… 115
박제된 꿈	… 116
우리 집에는	… 117
라이타는 돌고 돈다	… 118
동해호 선장	… 119
꿈은 이루어진다 (1)	… 120
기러기 아빠	… 121
기러기 엄마	… 122
슬픈 현실	… 123

아빠는 항상 늦지

관점	… 126
국수	… 127
삼겹살이 최고다	… 128
당신은 로또	… 129
체육대회에서	… 130
여우	… 131
아빠는 항상 늦지	… 133
자랑을 한다	… 134
안 울려고 했는데	… 135
눈물이 납니다	… 136
귀신이랑 산다 (1)	… 137
귀신이랑 산다 (2)	… 138
단풍	… 139
추억 여행	… 140
살다보니 (1)	… 141
살다보니 (2)	… 142
잘 산다고 들었다	… 143
20년 후	… 144
청량리발 강릉행 급행열차	… 145
동해시는 (1)	… 146
동해시는 (2)	… 147
조선족 누이	… 148
어떤 인연	… 149
키 텃(khi that)	… 150
나따샤	… 151

이혼을 하려고 합니다

베트남 출장	… 154
노이로제	… 155

부러운 놈	⋯ 156
꿈은 이루어진다 (2)	⋯ 157
이혼을 하려고 합니다	⋯ 158
마누라하고는	⋯ 159
꽉막혔다	⋯ 160
내 월급은 300	⋯ 161
복권이 당첨되길 바란다면	⋯ 162
꿈은 이루어진다 (3)	⋯ 163
이혼을 했습니다	⋯ 164
외식	⋯ 165
새대가리	⋯ 166
예방접종	⋯ 167
하이트 그리고 테라	⋯ 168
숫놈은 암놈을 찾는다	⋯ 169
주방이모	⋯ 170
주방이모는 미인이었다	⋯ 171
나의 문제점	⋯ 172
가정 상비약	⋯ 173
즐겁게 오래 사는 법	⋯ 174
모두다 불효자	⋯ 175
핵가족 이야기	⋯ 176
꿈은 이루어진다 (4)	⋯ 177
오십견이 왔다	⋯ 178
재혼 이야기	⋯ 179

난 아직 살아있다

그래서 혼자다	⋯ 182
팔자(八字)	⋯ 183
흔한 일	⋯ 184
세상에 이런 일이	⋯ 185
To Be Continued (계속됨)	⋯ 186
〈○○○○○〉	⋯ 188
아! 어무이	⋯ 189
엄마와 아들	⋯ 190
모텔을 나서며	⋯ 191
남자 이야기	⋯ 192
든든하다	⋯ 193
진작 그랬으면	⋯ 194
꿈은 이루어진다 (5)	⋯ 195
고혈압으로 쓰러진 환자가 왔다	⋯ 196
뼉다구가 닮았다	⋯ 197
무명가수 최씨는	⋯ 198
이 땅의 아버지	⋯ 199
인연	⋯ 200
난 아직 살아있다	⋯ 201
술집 벽에 붙은 쪽지	⋯ 202
셋이 정답이다	⋯ 203
동해 사는 지서방	⋯ 204

자식이 공부를 하고 싶어 합니다	… 205
내 자식아!	… 207
경상도 아내	… 208

이제는 그런 모양이다

그랬으면 좋겠다	… 210
제2차 세계대전	… 211
콜레라 19	… 212
아! 옛날이여	… 213
7×7=49, 8×7=56	… 214
소심해졌다	… 215
건망증	… 216
돈많은 사내가 왜 재혼을 하겠어	… 217
인연 (2)	… 218
다음 세상에서도	… 219
어머님의 수영장	… 220
손가락 까딱하기 힘들다	… 221
가까이 사는 게 죄다	… 222
환갑(還甲)	… 223
시각 차이	… 224
안마의자 600만원	… 225
그 녀석뿐입니다	… 226
묵호 이야기	… 227

내 것이 아닌 것을	… 229
아무도 모른다	… 230
모두가 다 아는 이야기	… 231
비결(祕訣)	… 232
당신의 소원을 이루어 드립니다	… 233
죽음은 대개	… 234
이제는 그런 모양이다	… 235
세상은	… 236
제 글을 만난 당신	… 237
소풍을 갔는데	… 238
서평	… 239

사랑을 하세요

동해시 천곡동 〈회생각포차〉
– 웨이팅 있음

억울합니다

사냥꾼입니다
들소떼에 쫓겨 동굴에 갇혔습니다
동굴 벽에 그림을 그리며 죽어갑니다
억울합니다

장군입니다
죽어서도 파라오를 지켜야 합니다
피라미드 안에서 썩은 음식을 먹으며 죽어갑니다
억울합니다

귀족입니다
황제의 누이를 사랑한 죄로 노예가 되었습니다
콜로세움에서 싸우고 싸웠지만 사자 밥이 되었습니다
억울합니다

추장입니다
백인 마님의 명령에 옷을 벗었고
주인님은 저를 산 채로 끓는 물에 빠뜨렸습니다
억울합니다

양반입니다
남의 전쟁에 끌려와 노역을 합니다
히로시마의 섬광은 저를 사라지게 했습니다
억울합니다

재벌입니다
종교적 갈등이 쌍둥이 빌딩을 테러했습니다
엄청난 진동과 함께 저도 먼지로 변했습니다
억울합니다

@ 식사는 하셨습니까?
@ 식사하면서 한잔합니다
@ 애인이랑 식사하면서 한잔합니다

모두가 돌아간다

냉장고에 있어도 김치는 쉬고
타지 않아도 차는 고장나고
살지 않을수록 집은 헐어간다

모두가 돌아간다
썩어가는 게 순리다

공부를 안해도 머리는 녹슬고
노동을 안해도 육체는 시들고
사랑을 안해도 심장은 식어간다

@ 머리 어깨 무릎 발, 다 아픕니다
@ 먹기 싫어도 나이는 먹힌다
@ 사랑을 해도 심장이 식던데요....
  - 그건 바람이라고 하지요

지금

일하라
지금 일하지 않으면
죽도록 일해야 하나니

쉬어라
지금 쉬지 않으면
평생 쉬어야 하나니

잠자라
지금 자지 않으면
영영 잠이 드나니

@ 가장 가치 있는 금은 지금
@ 더 가치 있는 금은 현금
@ 지금 놀아라, 노세 노세 젊어서 노세, 늙어지면 못노나니,

사랑을 하세요

시련이 있어도
시련을 이겨낸 사랑은
아름답습니다

사랑에는 잘살고 못살고가 없습니다
사랑에는 나이도 없고
국경도 없고
인종도 없습니다

그러나 종교는 있습니다
아무리 궁합이 맞아도
나중에 죽고나면
각자의 세상으로 돌아가야 하기 때문입니다

@ 참 큰 사랑!!!
@ 죽어서도 같이??? 혹시 복수를 노리시나요?
@ 화합의 종교가 어쩌다가 분열의 상징이 되었는지 안타깝습니다

Knowledge is Power

아는 것이 힘이다
모르는 것이 약이다
알아도 좋고
몰라도 좋다는 이야기입니다

아는 것이 병이다
무식한 게 죄다
알아도 안 좋고
몰라도 안 좋다는 이야기입니다

어쩌면
몰라도 아는 척 하지 말고
알아도 아는 척 하지 말고
알지만 모르는 척 살라는 이야기 같습니다

@ 뭔소리야?
@ 지금도 무식한데 여기서 더 모르는 척?
　- 형하야, 여기서는 나서지 마!

옛말이 있습니다

파란 안경을 쓰면 세상이 파랗게 보입니다
빨간 안경을 쓰면 세상이 빨갛게 보입니다
맑은 안경을 쓰는 것은
세상을 환하게 보기 위해서 입니다

슬픈 마음으로 보면 슬픈 세상이 보입니다
성난 마음으로 보면 성난 세상이 보입니다
즐거운 마음을 갖는 것은
세상을 즐겁게 살기 위해서 입니다

옛말이 있습니다
보는 사람이 꽃이면 보이는 것도 꽃이니라

@ 안경도 닦고, 마음도 닦고....
@ 저는 더러운 세상이 보여요, 목욕을 해야 하나요....

오래된 팝송입니다

VIKI가 부른 CASA BIANCA 같습니다
번역하면 이러한 내용이 됩니다

어떤 마을에
오래된 하얀 집이 있었습니다
새로이 집을 지을 수도 있었지요
하지만 그 집은 추억 때문에 그리워지는 것입니다
(이하 생략)

우리는 그 노래를 이렇게 불렀습니다
언덕위에 파란집
불이나면 빨간집
타고나면 까만집
재가되면 하얀집

우리의 몸도 마찬가지 같습니다
건강할땐 파란색
열받으면 빨간색
병이들면 까만색
맛이가면 하얀색

@ 내 몸은 무슨 색일까? 항상 파란색으로 남고 싶습니다
@ 제 얼굴이 빨간 이유가, 열 받아서, 인정합니다....
@ 원장님, 진맥을 잘하십니다

햇살 좋은 날 (1)

개미는 자기 무게의 40배를 든다
그런데 이 녀석은
100배 큰 이파리를 물고 간다
대견한 놈

그 뒤에 아주 작은 것을 물고
한 눈을 팔며
끌려가는
게으른 놈

그놈을 한 대 패주고 싶다
그때 뒤통수가 번쩍
누가 날 쳤다
〈일 안 해!!!〉

@ 오늘이 그래요, 날씨 참 좋다
@ 중국, 장자, 생각납니다

햇살 좋은 날 (2)

이리 날아 노래를 부르고
저리 날아 춤을 추고
내 마음에 날아들어
사랑을 속삭인다
짹짹 짹짹짹짹
(멋진 세상이야)

짹 짹 짹 짹 짹 짹 짹 짹 짹 짹 짹 짹 짹 짹 짹 짹 짹 짹 짹
짹 짹 짹 짹 짹 짹 짹 짹 짹 짹 짹 짹 짹 짹 짹 짹 짹 짹 짹
짹 짹 짹 짹 짹 짹 짹 짹 짹 짹 짹 짹 짹 짹 짹 짹 짹 짹 짹
짹 짹 짹 짹 짹 짹 짹 짹 짹 짹 짹 쨱 짹 짹 짹 짹 짹 짹 짹
짹 짹 짹 짹 짹 짹 짹 짹 짹 짹 짹 짹 짹 짹 짹 짹 짹 짹 짹

위의 〈짹〉 중에서 틀린 글을 찾으세요

하늘을 나는 방법

자세를 바르게 하고
마음을 가볍게 하고
머리도 맑게
떠오르는 생각을 합니다

몸이 한없이 가벼워지면
두 팔을 힘껏(!!!) 펴고
상체를 서서히 숙이면
발이 조금씩 떠오릅니다

자칫 머리 쪽이 기울어지려 합니다
더욱더 팔을 펴주면
몸은 중심을 잡고
풍선처럼 떠오릅니다

가끔 팔다리를 저어주면
계속 날 수가 있습니다
마음은 꼭 가볍게 해야 합니다
몸은 모래 위를 날며 바다 위를 흐릅니다

너무도 시원합니다
아래에 있는 엄마를 부릅니다
어무~ 이
그 사이에 몸은 바다에 퐁당 빠집니다

아무도 없는 바다 속에서
시원하게
오줌을 쌉니다
이불이 흠뻑 젖습니다

@ 마술에 걸린 듯 하늘을 날 뻔했습니다, 저도 엄마를 부를 뻔했습니다
@ 왜 소금을 주시는지? 왜 꿀밤을 주시는지?
@ 가부좌를 틀고 하늘의 정기를 받으며 몸과 마음을 비우면 서서히 공중부양이 됩니다
 - 조심 조심, 그러다가 힘 주면 똥 쌉니다....
@
짹	짹	짹	짹
짹	쩐	짹	짹
짹	짹	짹	짹

장사 노납니다

한번들른손님이
다시오기만하면
장사노납니다

다만

망하기전에
빨리오도록
써비스해야겠지요

@ 우리집은 계란후라이 2개씩
  - 상호를 알려주세요....
@ 소주, 맥주 4천원, 요즘은 거기 갑니다
@ 2번 공식
  / 우리 가게에 손님이 무더기로 왔습니다 / 누가 무엇을 좋아하고 / 누가 어떤 스타일인지 / 도대체 모르겠습니다 / 딱 두 명만 기억하세요 / 누가 데리고 왔는지 / 누가 계산을 하는지 /

솔로몬의 선택

하나는 주었다고 하고
하나는 못받았다 한다
둘 중에 하나는 거짓
솔로몬에게 미룬다

믿음의 세상에서
사이좋게 해결하지 못한
둘 다 나쁜 놈
솔로몬은 판결을 미루고 또 미룬다

성질 급한 놈 죽을 때까지
돈 없는 놈 포기할 때까지

@ 네, 성질 급한 놈한테 빌리겠습니다 ㅋㅋㅋ
@ 빌려달라는 돈의 8프로를 그냥 주세요
@ 법원에 가지 않고 살 수 있다면 그게 복 받은 삶이겠죠....

꿈 보다 해몽

이사하는 날
날이 좋아요
돈을 벌 운세랍니다

이사하는 날
비가 옵니다
떼돈을 벌 운세랍니다

꿈속에서
돼지를 봤어요
예쁜 짝을 만날 운세랍니다

꿈속에서
돼지가 죽었어요
죽이게 예쁜 짝을 만날 운세랍니다

@ 옛날에 리어카로 이사하던 날, 비가 왔었습니다
@ 대체적으로 (당신이 흔들리고 있는) 지금은 운이 안 좋고, 후년에 운이 좋다고 말을 하지요

익스트림 스포츠

그는 키가 크고
빨리 달리고
용기가 있어서
도전을 잘했다
그날도 컨디션이 좋고
출발이 빨랐지만
도로를 채 건너지 못하고
차에 치였다
인간들은 이런 죽음을
〈로드킬〉이라고 부른다

@ 익스트림 스포츠 - 부상이나 위험을 무릅쓰고 빠른 스피드를 즐기는 극한 스포츠
@ 사망률이 높을수록 짜릿하지요
@ 인생은 달리기와 같아서 빠르면 일찍 골인합니다

나는 세상에서 제일 예쁘다

미스코리아 출신에
영화배우로도 성공을 했다
나는 최고로 행복하다

팬들 때문에
혼자서는 다닐 수 없다는 것
몸매 때문에
먹고 싶어도 먹을 수 없다는 것
스캔들 때문에
아무도 사랑할 수 없다는 것
인기가 떨어질까
불안해서 잠을 못 자는 것

이상 몇 가지만 제외하면
나는 행복하다

@ 저는 행복합니다, 못난이라도 나를 사랑해주는 사람이 있으니까요....
@ 내가 사는 게 행복인지, 불행인지 헷갈릴 때가 많지만 적어도 연예인보다는 낮게 사는 것 같습니다
@ 미인이라는 것도 해골 위에 가죽 껍데기일 뿐,

미인이 되었습니다

남자들이 쳐다보지 않습니다
못생겼다고

얼굴 고치고
가슴 높이고
지방 제거에
미인이 되었습니다

난리가 났습니다
누구는 죽도록 사랑한답니다
누구는 죽을만큼 사랑한답니다
누구는 죽일만큼 사랑한답니다

그래서 저는 죽어갑니다
죽더라도 이 말은 하고 싶습니다
미인박명
당신은 있는 그대로 오래 사세요

@ 본태 미인도 박명인가요? 그럼 난 어떠카징?
@ 미인도 오래 삽니다, 머리만 비어 있으면....
@ 다 고쳤는데, 키는 성형으로 안된다네요, 흐흐흑

난 외로워도

우울한 커피잔에
문득
서린 달

과자를 뿌려
얼른
은하수를 만든다

넌 외롭지 마

> @ 한섬아, 먹는 거 가지고 장난치지 마!!!
> @ 한섬아, 미안하구나, 막걸리 한잔하자!!!
>   - 예썰!
> @ <바보> / 사랑이 아름다운 건 / 영원을 약속하기에 / 사랑이 슬픈 건 / 영원한 것은 없기에 / 사랑이 괴로운 건 / 그 약속을 믿기에 /

첫눈

하늘에서
소금을 뿌린다
당신이 주고 간 상처에

@ 시상을 주신, 강은조 시인님 감사합니다
@ 많이 아프겠지만 지독한 사랑을 해보고 싶다
@ / 차라리 타버리면 무심하게 살것을 / 녹아버린 가슴에 그누구를 담겠소 /
@ 19글자, 무섭다

결혼 이야기

제 주 댁 네 생 생 회

접대 / 한섬아이 지봉수

하니깝깝했었지
못기전쭉풀렸술
을나술은필으을
술병만해요면마
을술지프술참시
집네리풀술술니
술과술어랐몰땐그

동해시 천곡동 주공6차 후문 〈제주댁네 생생회〉
- 웨이팅 있음

넌 어느 별에서 왔니

우리 만남이 이리도 좋건만
헤어짐을 생각하니
눈물이 나네

어디로 가는지 알 수 있다면
나 쫓아갈 것을

어디서 왔는지 알 수 있다면
나 울지 않으리
나
먼저 가서 기다릴 것을

@ 카~ 좋다, 어느 별!!!
@ <넌 어느 별에서 왔니 - 나 먼저 가서 기다릴 것을>
@ 가지 마소서, 스토커 같습니다

계란후라이를 하며

나는 우주생명체
마치 계란처럼 부화 중이지
때가 되면
지구를 반으로 깨고 나와
은하계로 날아간다

내 껍질에 기생하는
인간들에게 미안하다
내 발길질 하나에
지진으로 고생하다니
쓰나미로 고생하다니

그래도
엄마가 보고 싶다

@ 글 속의 내가, 죽어버렸으면 좋겠습니다
@ 후라이가 참 쎕니다

블랙홀

살생은 싫지만
여기는 너희들이 있을 자리가 아니야

나는
방구석에 모인 개미들에게
에프킬라를 싸악 뿌린다

같은 시각
태양계 너머로 여행 중이던
우주선 한 척이 블랙홀로 사라졌다

@ 음~~~ 어렵다

국산품

농민들 이야기
돈이 안되니깐
재배를 하지 않습니다

납품업자 이야기
입찰가격으로는
국산을 사지도 못합니다

회사 광고
순 국산입니다
믿고 드십시오

@ 그럼 회사가 납품업자에게 속은 건가요?
@ 북한산 호두 팝니다, 통일되면 국산
@ 믿고 사세요, 불법은 당국에서 잡습니다

그래서 싼 거야

싼 맛에 과일을 한 박스 사왔다
〈박리다매〉라고 생각했지만
혹시
맛이 떨어져서 일까
질이 떨어져서 일까
국산이 아니어서 일까

그 생각을 하는 사이에
모두 썩고 말았다

@ 요즘은 유통기한을 팔지요
@ 진짜로 그날 안 먹으면 다 썩어요
@ 마트 가면 내 자리, 〈유통기한 임박 상품〉

내가 산 만두는 맛이 없다

이쁜 만두는
30% D.C.해 드리고요
고운 만두는
하나 사면 하나 더 드리고요
아름다운 만두는
10년전 가격으로 판매합니다
그러나 맛있는 만두는
행사를 하지 않습니다

@ 그럴 만두 하다
@ 너무 뻔한 것을 생각하지 못할 때가 있습니다
@ 그래도 맛있는 만두를 선택하지 못할 것 같습니다

맛집 기행

마늘 양파 참기름 설탕
갖은 양념을 하고
마지막으로
메누리도 모르는
마법가루를 넣는다
그리고
진짜 마지막으로
미원 한 스푼

@ 결론은 라면 스프에 미원 한 스푼
@ 제가 그 맛집에 미원을 몇 포대씩 배달합니다
@ 그래도 맛집은 써비스가 달라요

위 아 더 월드

한국에 가시면 한국의 대표 음식
비빔밥을 드셔보세요

〈원산지 표시판〉

고사리 – 중국
도라지 – 중국
당근 – 중국
쇠고기 – 호주
계란 – 태국
참기름 – 미얀마
만든 사람 – 조선족

@ 쌀은 국산이기를....
@ 고추장은 국산이기를....
@ 온 세상을 모두 비비고 비벼서 진정한 〈위 아 더 월드〉가 되기를,

아버지는 소장수

우리 삼총사는
피를 나누지는 않았지만
형제 그 이상이었다
교복을 입고
담배를 물고
길거리에 오줌을 갈겼다
편모 편부 슬하에서도
친구가 있어서
아름다운 시절이었다
그 작은 동네에서
아버지는 재혼을 하고
삼혼을 하고
우리 삼총사는
우리도 모르는 사이에
형제가 되어있었다

@ 짧은 글, 긴 이야기
@ 그 아버님은 부인들에게 식육점을 하나씩 차려주었답니다
@ 일곱 여인에게서 자녀를 13명을 두었다는 이야기....

나는 왕자

닭은 큰 계란도 낳고
작은 계란도 낳는데
매장에서는 큰 것만 판다
크면 대란
더크면 특란
더더크면 왕란

어릴 적 어머님이 내 고추를 만지며
우리 왕자님이라고 하셨지
아빠가 출근할때 뽀뽀뽀~~
엄마가 안아줘도 뽀뽀뽀~~
아빠는 안방에서 잠자지~~
나는야 우리집에 왕자지~~

@ 누나는~~, 한 줄이 빠졌습니다
@ 그 왕자님이 술에 쩔어, 아삭이가 무말랭이가 되고,

신문에 대문짝만하게 났다

새로운 시술법
한 번에 1석4조 효과
귀두 확대
둘레 확대
길이 연장
조루 치료
이제는 자신있게 산다

그 밑에 쬐그맣게 쓰여 있다
〈광고〉

@ 수술은 했는데 애인이 없어요
@ 그 돈 있으면 얼굴부터 하세요!!!

쵸이스

10 기왕이면 예쁜 여자를

20 기왕이면 야한 여자를

30 기왕이면 어린 여자를

40 기왕이면 마른 여자를

50 기왕이면 남는 여자를

60 꼭 선택받고 싶습니다

@ 기왕이면 돈많고 예쁜
@ 기왕이면 돈많고 야한
@ 기왕이면 돈많고 어린

골뱅이를 줍다

- 추운 방 - 3만원
- 더운물 안 나옴 - 4만원
- OTT 서비스 - 5만원
- 방음 잘 됨 - 6만원
- 놀이기구 완비 - 8만원
- 몰카 방지 시설 - 10만원

Q. 어떤 방으로 드릴까요?
A. 빨리만 줘요! 아무거나

@ 골뱅이 - 술 많이 취한 사람을 이르는 은어
@ 토요일 시내에는 방이 없어요, 집 없는 사람들이 왜 그렇게 많은지....
@ 술 깨면....

요즘 사랑

씻고 또 씻고
향수 벅벅 뿌리고
촛불로 무드잡고
당신을 기다렸는데

친구들 때문에 못온다고 했지

자기를 욕했어
자기를 저주했어
그나저나 나 어떡해
비아그라도 반알 먹었는데

@ <주화입마> 빨리 독을 빼주어야 할텐데....
@ <빨리 빼고, 파스 사서 팔뚝에 붙이세요>
@ 여자가 먹으면 어떻게 되나요???
  - 그건 모릅니다

그녀는 날아가고

치킨이 싫다
후라이드가 싫다
날개는
먹지도 못하게 했었다

@ 저도 신랑은 날개를 못 먹게 합니다
@ 쫌 더 먹여야겠다, 날지도 못하도록....
@ <님은 떠났고>
  / 얼굴도 잊고 / 이름도 잊고 / 시린 가슴에 / 취한 귀가길 / 현관 비번은 / 님의 폰번호 /

덫

우리 사이에
그냥 잘 수는 없지
빨가벗고
이불 밖으로
허벅지를 드러낸다
〈맘껏 빨아라〉

@ ???????
@ 그래도 팬티는 입으세요
@ 〈용서〉
  / 파리 / 너는 빌기라도 하지 /

여름 휴가

매미도 울고 나도 운다

매엠 매엠 내애애애

매엠 매엠 니이이믄

매엠 매엠 어디에에

> @ 매엠 매엠 으읍쓰으음
> @ <혼휴>가 대세랍니다
> @ <호이안> 가고 싶다
> @ / 아이가 물놀이를 간단다 / 왜 지금 부모님이 생각날까 /

중복(中伏)

꼬끼요 꼬끼요 꼭이요오
오늘따라 유난히 시끄럽다

꼭 살아서 만나자고
꼬끼요 꼬끼요 꼭이요오

@ 시상을 주신, 김승준 시인님 감사합니다
@ 그래도 치맥이 좋아요
@ 옛날에는 개판이었지!
  - 최고의 꼬리글입니다

나도 사랑했는데

파   란

       잠자리가

            흐른다

         암수 차례로

                붙어서

하   늘

@ 나는 침대에서 5센치도 못 날고, 리모콘도 못 잡고,
@ 없는가요? 안되나요?
@ 벽치기는 됩니다

칵테일과 폭탄주

음료수에 양주를 섞어서 만드는
맛있는
빠의
칵테일을

집에서
만들면
폭탄주가 되는 이유는
양주에 음료수를 섞기 때문에

@ 모처럼 생긴 양주, 그 자리에서 아작내려면,
@ 칵테일은 음료수에 양주 다섯 방울,
   폭탄주는 양주에 음료수 다섯 방울
@ <Kiss in the Dark> 이름이 이뻐서 많이 마셨습니다

만성 장염이란다

체질이 약해서 인지
마음이 고와서 인지
하초가 냉해서 인지
항상 설사를 한다

치료도 받았지만
약도 먹었지만
어디를 가든
화장실부터 확인한다

보수교육을 갔다
교육 도중에
설사를 한다면
상상조차 끔찍하다

합숙 마지막 날
설사가 아닌
쌩똥을 누었다
똥꼬가 찢어지는 줄 알았다

이상도 하다
겨우 사흘
술을 안 먹었을 뿐인데

@ 한섬원장 우타 알았나??? 내 증상을....
@ 저는 똥꼬 찢어짐 방지용으로 어쩔 수 없이 마시고 있습니다
@ 저는 소주 마시면 변비가 생겨요

선지국밥

한동안 참았는데
열받은 핑계로
과음을 했다
개가 똥을 참겠는가

아침 똥색이 짜장이다
장출혈 같다
설사를 자주하던 만성장염이
술독으로 장출혈이 된 것이다

그래도 혹시나 기도해본다
나는 취하면
해장을 하는 습관이 있는데
어제는 선지국밥을 먹었기를

@ 술 마시다 보면 빤쓰에 똥 싸는 날도 있고
@ 그 선지가 그 선지이기를 저도 기도합니다

찰떡 이야기

어릴 적
찰떡이 먹고팠던 아이는
돈을 벌어
찰떡부터 사먹었지

무지 먹고는
무지 설사했지
그 후로는
찰떡만 먹으면 설사한대

아들에게
찰떡을 못사줬던 에미는
귀가한 아들에게
찰떡을 먹인다

오늘도 아들은
찰떡을 먹고
오늘도 아들은
설사를 한다

@ 자식에게 퍼줘도 퍼줘도 모자라는 것이 부모마음
@ 엄니가 주시는 고봉밥을 먹고 집에 오면 소화제를 먹는 남편이 참으로 깝깝했던 며느리
@ 어떡해요???

평양 가는 길

어머니는 바리바리
도시락을 싸오셨다
구내식당도 좋은데

잘 먹겠습니다 하고는
저 구석으로 치웠다
냉면이 땡긴 것이다

차를 몰고 나서는데
어머님이 버스를 기다린다
못, 본, 척,
평양으로 간다
오늘은 냉면맛이
심- 란- 할- 것- 같- 다-

@ 이런 한심아이!
@ 고저 넹면이래 모꾸녕에 넘어가간?
@ 어머님도 냉면 좋아합니다
@ 땡길 때도 있지요, 꼴릴 때도 있지요,

축구가 제일 좋다

밥보다는 술이 좋고
술보다는 섹스가 좋고
섹스보다는 노름이 좋고
노름보다는 축구가 좋다

오늘도 남자는
군대 얘기를 싫어하는 여자에게
축구 얘기를 싫어하는 여자에게
군대에서 축구한 얘기로 꼬시고 있다

@ 그래서 실패했습니다
@ <노름>, 얘기도 하지 맙시다
@ <축구>, 나를 위하여 22명이 뛰어준다
@ 공차고 한잔하는 재미, <FC 미르> 홧팅!!!!!!!!!!

마음을 보여주고 싶었습니다

당신을 사랑한다고
당신이 보고프다고
당신과 함께 저녁을 먹고 싶다고
말하고 싶었습니다

용기가 없어서 한잔했습니다

저녁을 사랑한다고
당신이 고프다고
술과 함께 당신을 먹고 싶다고
말해버렸습니다

@ 자신있게 말하는 거야, 잘했네
@ 콩떡같이 말해도 찰떡같이 알아들었을 겁니다
@ 용기있는 자가 미인을 얻는다 (그녀는 누가 좋은 사람인지 전혀 모른다)

크리스마스 선물

솔직히 그녀는
반지를 원했고
솔직히 그녀는
다이아를 원했지
내 주제에
그래서 털장갑을
그래서 빵모자를
그랬더니 하늘에서 눈이
펑 펑 펑 펑 펑 펑 펑 펑 펑 펑 펑 펑 펑 펑 펑
펑 펑 펑 펑 펑 펑 펑 펑 펑 펑 펑 펑 펑 펑 펑

@ 착한 마음은 하늘이 다 압니다
@ 저는 다이아는 살 수 있습니다, 받아줄 그녀가 없습니다
@ 번호 남기세요!!!

미루지 마십시오

유통기한이 긴 음식은
방부제를 넣었을 뿐
건강에는 좋지 않습니다

만나면 사랑하고
사랑하면 결혼하고
결혼하면 아이낳고
아이들과 행복하고

미루지 마십시오
믿음과 소망과 사랑 중에
그 중에 사랑이
제일 잘 썩습니다

@ 이론은 참 쉽습니다
@ A- men
@ <방부제>
  / 음식물의 유통기한은 무지하게 연장시키고
  / 내 창자의 유통기한은 무참하게 단축시키고 /

결혼 이야기

사랑을 했지만
그때는 어려서
결혼을 못했지

성인이 됐지만
직장이 없어서
결혼을 못했지

직장을 잡으니
결혼이 왔네
사랑도 왔으면

@ 내가 헤어진 이유
  - 미안해요!!!
@ 직업군인인 친구가 제일 먼저 결혼했지요
@ 장가 좀 갑시다! 키가 작다고 사랑해주지 않으면, 대머리 친구는 어떡하란 말입니까?

술을 마셔도

실수하면 안됩니다
졸음이 와도
흥분을 해도
구토를 해도
실수하면 안됩니다

그래서 도망쳤지
택시를 타고
집에 와서 쓰러졌지
어머니가 깨우네
신부는 어디 두고 왔냐고

@ 잘한 것 같기도 하고....
@ 신부도 취했네, 신랑도 놓치고,
@ 천생연분, 같습니다

주말부부

아홉 아내와 섹스를 하고
아홉 아내의 빨래를 하고
너무 힘들다
꿈에서 깼다

여전히 서툰 자취생활
짜게 먹어서일까
맵게 먹어서일까
꿈자리마저 분주하다

아내를 만나는 주말은
아직도 머얼다

@ 저도 애틋한 적이 있었지요
 - 애뜻하다(x) 애틋하다(O)
@ <웃기는 이야기> 아내는 내의와 밑반찬을 챙기고 신랑의 원룸을 찾았고, 그날 밤 너무 흥분해서 신음소리를 냈는데, 옆방에서 벽을 차며 하는 말, <제발 주말에는 쫌 쉽시다!!!>

술이 덜 깼다

처 주방이모는 미인이었다 / 한섬아이 지봉수

주방이모는 미인이었고
우리는 그 식당에 단골이 되었다

음 사별하고 혼자 산다는 그녀는
술을 권하거나
야한 농담을 하면
화를 내면서 주방으로 돌아갔다

유방암 수술 후에
한쪽 가슴이 없다는 것
처 그래서 뽕을 넣었다는 것
그래서 성격도 이상하다는 것

우리들의 관심에서 잊혀질 즈음
지나가는 얘기를 들었다
그녀가 좋은 사람을 만났고
그녀의 가슴은 진짜 예뻤고
럼 그 뽕은 뻥이었다고

동해시 협성상가 〈처음처럼〉
– 분위기 맛집

간디의 일화처럼

달리는 기차에서
신발 한 짝을 흘리자
가난한 사람이 주워 신도록
나머지 한 짝도 던져버린 일화처럼

여행길에서
아이의 신발 한 짝을 잃어버린 나는
나머지 한 짝을 그 주위에 던져두고
돌아왔다

여행을 마치고 차에서 내리는데
아이의 신발 한 짝이
자동차 의자 밑에
거기 있었다

@ 간디처럼 멋진 행동을 했다고 얼마나 뿌듯했을까....
@ 다시 가서 던져놓고 오세요
   - 다시 가서 주워 와야지요

딸기야 어디 있나

자쟈저져조죠주쥬즈
아야어여오요우으이
바뱌버벼보뵤부뷰브

제 딸아이가 숨었습니다
딸기를 찾아보세요
딸기는 별명이고요
아이의 이름이 시 속에 숨어있습니다

@ 당연히 지씨, 곘지요....
  - 제가 이름을 지었습니다
@ 숨어있습니다 = 빠져있습니다

@ / 세상에 / 나 같은 놈 없다고 / 날 만난 건 행운이라고 / 마누라에게 소리치지만 / 울 딸에게는 나 같은 놈 / 택도 없다네 /

무지개 하늘소

5층 베란다 유리가 쨍 소리를 내며
벌레 한 마리가 떨어졌다
엄마와 아이는 그것이 하늘소임을 알고는
키워볼까 망설이다가 창문 밖으로 던졌는데
순간 하늘소는 무지갯빛으로 변했다

인터넷 검색 결과
무지개 하늘소는
30년 전에 발견되었다는 기록만 있고
수집가들 사이에서는 천만원도 받을 수 있다고
다만 착한 사람에게만 보인다는 이야기도 있었다

엄마는 얼른 집 주위 화단을 뒤졌고
아이들을 시켜 찾게 했으며
사람을 사서 며칠을 찾았지만
결국 포기하고 말았다

그 사이에 아이는 베란다 화분 뒤에서
쉬고 있는 하늘소와 많은 이야기를 했지만
엄마에게는 그 사실을 말하지 않았다
말을 했어도 엄마 눈에는 보이지 않았을 테니깐

머칠이 지나서 하늘소는 회복이 되었고
하늘소가 날아오를 때
아파트 주민들은 5층집 베란다에 걸려있는
아름다운 무지개를 볼 수 있었다

@ 돈독이 오르기 전에는 엄마 눈에도 보였었는데....
@ 그 엄마가 바로 우리들의 모습
@ 현비야, 유비야, 온비야, 아빠는 똑같이 사랑한단다(1/3씩이다)

나는 소심하다 (1)

어릴 적
나를 때렸던 새끼,
살며 살며
복수를 벼르던 그놈이었다

대뜸 아는 척을 하더니
제일 큰 케익을 산다
그리고는 캐릭터 인형을 꼭 챙기란다

나는 얼른 주인공 인형을 숨기고
이쁜 것은 다 떨어졌다며
슬그머니 깡패 인형을 주었다

@ 그 패거리 다 죽었는데 고새끼는 살아있네
@ 고새끼를 사회에서 만났는데 키가 그대로더군요, 이젠 죤만한 새끼
@ 똥이 무서워서 피하나요, 더러워서 피하지요, 상종하지 마세요

아고 예쁜 것

결혼 패물 닳을까봐
반지도 안하고
목걸이도 안하고
돌잔치를 집에서 치르느라
밥상 빌리러 다니고
그릇 빌리러 다니고

오늘 그 패물과 돌반지를
금값 좋을 때 팔고
휴지된 주식을 사자꾸나

내 경기 풀리면
니 다이야부터 사주마

잽싼 마누라 그렇게 했단다
작년 금값 오르기 전에
주식 떨어지기 전에

@ 아고 징한 것!
@ 주식은 내가 돈이 있을 때는 천장, 없을 때는 바닥이라

누구나 걱정은 있다

TV 〈안녕하세요〉에서
한 번은 밝히는 아내 때문에
집에 못 가고 모텔에서 잔다는
신랑의 이야기
한 번은 밝히는 신랑 때문에
직장에서 졸다가 짤렸다는
아내의 이야기

그게 뭔 고민인가
서로
바꾸어 살면 될 것을

내 걱정이나 하자
저녁 먹은 것도 덜 꺼졌는데
야식을 사러간 마누라가 돌아왔다

@ 강쇠와 옹녀가 만나면 그 동네는 어떡하라고,
@ 한섬아이, 당신이 궁금합니다
@ 〈제 버킷리스트 하나는 한섬아이님을 만나는 것〉

약속을 꼭 지키세요

우연히 만났고
사랑에 빠질 즈음
재벌집 손녀임을 알았다오

잠을 설치다가 늦잠을 잤고
이 옷 저 옷에 머리도 세우고
주말이라 차가 밀렸고
약속장소에 늦고 말았다오

그녀를 만나지 못하고
돌아오는 버스에서
지금 마누라를 만났다오

@ 헉!!! 꼭 지키겠습니다
@ 인연은 따로 있다고 합니다
@ 어째 쫌 위험한(?) 글 같습니다

사탕 이야기

한가한 점심시간
요란한 소리와 함께 새까매진 아이가 왔다
사탕이 목에 걸렸다는 것이다

흉부를 압박하고
목젖을 건들고
따기도 하고
안정은 되었으나 사탕은 나오지 않았다

고맙다며 감사하다며 돌아서는 길
엘리베이터를 못 기다리고
아이를 어깨에 메고
계단으로 달려왔다는 아이 엄마

그녀의 흐트러진 머리 속에서
빨간 사탕이 반짝이고 있었다

@ 카~~~ 좋다
@ 자식이 아프면 앞이 보이지 않습니다
@ 엄마는 위대하다

백수 이야기

1차에서
노가다 친구가 맛이 갔다
2차에서
선생님 친구가 맛이 갔다
3차에서
직장인 친구가 맛이 갔다
4차에서
자영업 친구가 맛이 갔다
나는 아직 못갔다
한잔 더 해야 저녁까지 잘텐데

@ 맛이 가는 순서 = 일어나는 순서

@ 결론은 수면시간

@ 선생님 친구는 집에 들어가서도 전화를 합니다, 너들 빨리 들어가라고(나 빼고 좋은 데 가지 말라고)

한잔하는 날

대낮부터
술꾼들이
꾸역꾸역
모이더니
초저녁이
되기전에
테이블이
만석이다
그랬더니
비가왔다

@ 술꾼들, 사람은 착해요
@ <비 와서 한잔>
　/ 그제는 막걸리에 파전 / 어제는 삼겹살에 소주 / 오늘은 골뱅이에 호프 / 이놈에 장마가 사람 잡는다 /
@ 정기휴일 - 매주 일요일(비오는 일요일은 정상 영업합니다)

핑계없는 무덤은 없다

울 엄니는
아버지처럼 살지 말라고 했고
나는 술을 마시지 않았다

울 마눌도 아들에게
아버지처럼 살지 말라고 했고
지금 한잔하러 간다

@ 핑계가 기가 막힙니다
@ 그렇다고 집을 나가시면 안되요
@ <절대 술드시고 화해하려고 하지 마세요!!!!!>

술이 덜 깼다

출근길
운전을 한다
술이 덜 깼다

아마도
음주단속을 하면
잡힐 것 같다

아니
음주단속을 하면
분명히 잡힌다

회사에 왔다
아무도 없다
일요일

@ 운이 좋았습니다, 두 번은 안됩니다
@ 초등학교때 낮잠을 자고 일어났는데 아빠가 빨리 학교에 가라고 해서 학교에 갔는데 아무도 없더군요....

술이 확 깼다

택시를 탔다
서글한 기사님 장단에
세상 욕을 다 했다

이놈의 정치는
딸꾹
술한잔 하면은
딸꾹
자고로 여자는
딸꾹

내리는데
기사님 말씀
들어가세요 현비아빠

@ 자고로 여자는, 그 다음이 궁금합니다
@ 귀는 친구를 만들고 입은 적을 만든다

술취하면 보이는 글

너무해치써
다또시수를시마면나개는다

> @ 술 때문에 죽은 사람보다 술 덕분에 태어난 아이들이 더 많다는 것
> @ 글 해독을 위하여 한잔하고 오겠습니다
> @ 취니하깐 보니입다

나는 안다

나는 안다
회식자리는 좋지만
친구를 찾아서 2차를 가는 것을

나는 안다
친구는 좋지만
그는 계산을 하지 않는다는 것을

나는 안다
마담은 이쁘지만
써비스는 엉망이라는 것을

나는 안다
내일 일을 위하여
요쯤에서 끝내야 한다는 것을

나는 모른다
어제 어떤 일이 있었는 지를

@ 푸~ 욱 찔린다
@ 그 칼같던 기억들이 자고 나면 싹, 없어지지요
@ 마담은 이쁘지, 맞습니다

술 안 마시려고 했습니다

직장 상사가 갈굽니다
열받아서
딱 한잔 했습니다

동료들이 왕따를 시킵니다
열받아서
딱 한잔 더 했습니다

마누라가 일찍 들어오라고 전화질입니다
열받아서
3차 했습니다

술집 써비스가 엉망입니다
열받아서
4차 했습니다

지나가는 새끼가 째려봅니다
열받아서
5차 했습니다

전봇대가 비켜서지 않습니다
열받아서
6차 했습니다

저는요 진짜로 술 안 마시려고 했습니다

@ 처음부터 마시려고 했구만....
@ 아침, 해장국에 선지가 빠졌네요, 열받아서....
@ 그렇게 마시는 날에는 연락 좀 해라
   - 꼭 그러마, 혼자서는 전봇대를 상대하기가 어렵더라....

단골손님

우리 신랑 연애할 때
사람 착하다고 하고
예의 바르다고 하고
그래서 결혼했지
살다가 살다가
뭐가 착하냐고 물었더니
그 양반 아무리 취해도
외상을 안 한다나

@ 술주정도 없으니 좋은 사람입니다
@ 술집 사장님은 모르는 이야기가 없지요
@ <자야> 나는 외상값 언제 다 받나....

부메랑이 왔다

꼬실때 술을 멕이고
연애할때 닭발을 멕이고
살아가며 개고기를 멕였지

그 곱던 각시가
오늘은
술주정을 한다

@〈정답〉 꼬실 때 술 먹이기
@ 귀엽지 않나요?
   - 당해보지 않으셨군요....
@〈너무 쉽게 헤어지네〉
   / 꼬실 때 쏟은 정성 / 그 / 간절함
   / 그 / 간절함에 / 반에 반만 생각해도 /

사랑해요 여보

화장실까지도 못가고
신발장에서 토하는 당신
오늘은 당신을 이해하렵니다

더러운 세상에서
더러운 놈들과
더러운 술을 마시고
더러운 돈을 벌어오느라
얼마나 고생이 많습니까

사랑해요 여보
미안해요 여보
그래도 나는
더러운 돈이라도 많았으면 좋겠어요

@ 돈이 더러운가요.... 사람이 더럽지요....
@ 오늘은 포근하게 안아주세요
@ 마지막 한 줄에 울어야 할지, 웃어야 할지,

결혼은 전시용이 아니다

매일 빨래를 하지만
한번도
입지 않은 옷들이 가득

가끔 독서를 하지만
한번도
읽지 않은 책들이 가득

필요한 것만 사고
샀으면
열심히 사용합시다

@ 어째 묘하게 설득이 됩니다
@ 사용법이 어려워요
@ 안 쓰는 건 과감히 버려야 합니다!!!

당신 힘든 거 알아

아이들 키워야지
빨래해야지
요리해야지
아이들 재워야지

당신 힘든 거 알지만
당신은 파출부가 아니야
당신은 내 사랑

나도 좀 키워줘
나도 좀 빨아줘
나도 좀 요리해줘
나도 좀 재워줘

@ 3연은 도의 경지에 오른 표현입니다
@ 1연을 해주세요, 3연이 이뤄집니다
@ 3연을 해주세요, 1연이 이뤄집니다

구천일심(九淺一深)

물장난만 좋아하고
때밀기는 싫어하는
우리 아들이
엄마에게 잡혔습니다

때수건으로 벅 벅
아빠에게 살려달라고
우리 아들이
소리내어 웁니다

아빠는 말이 없습니다
아빠는 생각합니다
싫다는 애는 놔두고
남편 등이나 밀어주었으면

등은 옆으로 아홉번 밀고
배는 아래로 기이피 한번
등은 옆으로 아홉번 밀고
배는 아래로 기이피 한번

> @ 한섬아이님 왜 그렇게 숫자에 맞춰 밀어야 하나요?
> @ 엄마는 개고생하는데 아빠라는 작자는 그저,
> @ 해가 기울고 밤이 되니, 이해가 됩니다

하고 싶다

아빠의 출근보다
아이의 등교가 더 빠르다
이 땅의 미래는 밝다

아이는 20분 먼저 집을 나선다
아이 눈치 보느라
참았던 부부를 위하여

우리 부부도 그때 한다
그나저나
이놈의 방학은 언제 끝나려는지

@ 아이보다 늦게 들어오고, 아이보다 먼저 나가는, 나는 우타하라고....
@ 20분, 참 긴 시간입니다
@ 아이의 방학은 엄마의 개학입니다

모기새끼 때문에

여름 지난 지가 언젠데
이 고층아파트까지
귓가에서 앵~~
지긋지긋한 모기새끼들

자다가 깨어서
약을 뿌리고
향을 피우고
이게 뭔 지랄인가

야단을 떠는 통에 아내가 깼다

잠은 안 오지
할 일은 없지
그래서 한 번 했다
모기새끼 덕분에

@ 우리집에도 몇 마리 키웠으면 좋겠습니다
@ 그래도 너 좋다고 따라다니는 애는 걔뿐이다
@ 그냥 하고 싶었다고 하세요, 뜬금없이 모기 타령은....
@ 뜬금없이 모기 타령, 그렇지, 이게 한섬아이지!!!

나는 소심하다 (2)

지갑 속에 여권을 넣었으니
여권도 없고
돈도 없다

이틀을 굶고 만난 파란눈의 아가씨는
한국에서 유학했다며
김치찌개와 갈비탕을 내놓는다
그때 잠이 깼다

곁에서 자고 있는 마누라는
먹는 꿈을 꾸는지 입을 다신다
엉덩이를 조금씩 밀어서
침대에서 떨어뜨렸다

@ 매를 벌어요
@ 형광등 갈 때 사다리 채일 것 같습니다
@ 간땡이가 얼마나 부으면, 이런 글을 쓸 수 있나요?

장미의 전쟁

심심하던 차에
옆집에서 김밥을 보냈고
맛있게 먹었다

아내는 그녀가 만들었다고 했고
나는 매장에서 산 것이라고 했다
아내는 모르면서 큰소리치지 말라고 했고
나는 당신은 내 말에 무조건 반대냐고 했다

소소한 문제로
사흘을 더 싸우고
이혼이 어쩌고 할 때
그녀가 김밥집에 일하러 가는 것을 알았다

@ 이럴 때는 내기를 합니다, 만원빵
@ 〈똥고집〉 / 미안해 / 한마디를 못해 / 돌아누웠다 / 하얀 밤 / 자는 척 / 거짓 숨소리만 /
@ 결혼 10년, 무조건 이혼, 법으로 정해야 합니다
@ 저는 5년, 무조건 이혼, 법으로 정해야 합니다

술 마시다가 도망가도 됩니다

> 난 아직 살아있다 / 한섬아이 지봉수
>
> 소싯적 무림에서
> 고수들과 싸울 때
> 난 〈금강불괴〉인 줄 알았는데
> 난 〈만독불침〉인 줄 알았는데
>
> 태극권을 연마해도
> 십팔기를 연마해도
> 세월 때문 인지
> 패하는 날이 많아지니
>
> 이젠 삼십육계를 쓴다
> 싸워서 이기지 못할 자리는
> 도망이 최고다
> 술자리에서도 그게 최고다

동해시 천곡동 〈아지트〉 소주방
– 홍어삼합

개새끼는 불독

전과가 있다고 들었다
괜한 시비를 걸어왔고
설명도 못했는데
선방이 날아왔다
오른손 왼손
두 번의 주먹을 피하고 나서
내 스트레이트를
녀석의 콧잔등에 쑤셔 박았다
단 한 방에 녀석은 구겨졌다
비명소리에 잠이 깼고
곁에서 자고 있던
마누라의 손가락 사이로
코피가 주룩 흐르고 있었다

@ 개새끼 맞습니다, 잠자리까지 따라오다니
@ 저는 헤딩으로 골을 넣었어요
@ 아직 붙어서 자네요

운명(運命)

당신을 제일 사랑한 죄로
부부가 되었고
평생을
죽어라 싸운다네

당신을 두번째로 사랑했다면
부부는 못되어도
평생을
사랑했을 것을

@ 부부는 전생의 원수들이 만나서, 살아가며 그 한을 푸는 과정
@ 어찌 이런 기발한 생각을 하셨는지....
@ 하여간 한섬아이님은 연구대상입니다

맥가이버

조선 팔도에 애인을 두고 있는
바람둥이
그는 손재주가 좋다
함바식당에서
가전제품 흔들리는 식탁
삐걱거리는 문짝
못 고치는 것이 없다
그러면 누님들은 고맙다고
술을 사게 되고
그러면 역사가 이뤄진다나

우리는 안다
그의 능력을
고칠 게 없으면
몰래 그 문을 망가뜨려 놓는다는 것을

@ 타이어 수리점에서 도로에 나사못을 뿌렸다는 이야기
@ 뭘 해도, 노력을 해야 결과가 좋습니다
@ 알면서 넘어가는 누님은, 절대고수!!!

반주가 좋다

개뿔이나 천국이라
쏘맥도
양주도
데낄라도 준다
밥 먹고 배부른 뒤에

그렇구나 지옥이라
육회에
팔보채에
똠얌꿍도 준다
술은 안 주고

@ 빈속에 술이 어디를 지나고 있는지 짜릿하게 느껴질 때,
@ 배가 부르면 술맛 없습니다
@ 지금 한잔합니다, 천국 보다 낫습니다

술 마실 돈은 있어도

술을 마셔서 인지
눈이 깔깔하더니
눈이 충혈되더니
눈알이 툭 튀어나왔다

모임 없는 날
한가한 옷가게에서
목이 큰 와이셔츠를 샀다
눈알이 쑥 들어갔다

@ 옷 사입을 돈은 없다
@ 아! ~~~ 작아서
@ 백화점에서 가격표 보시면 또 눈알 나옵니다 ㅋㅋ

순간이동

차를 운전하는데
담뱃재가 떨어진거야
잽싸게 옷을 털었는데
그 사이에 배를 타고 있더군
기분 더러워서
꽁초는 요단강에 버렸어

@ 갔네
@ 그래서 저는 전자담배를 핍니다
@ 우리주 예비해 두셨네~~
　며칠후 며칠후 요단강 건너가 만나리~~

친구가 죽었습니다

음주 뺑소니 같습니다
영안실에서 우리는
범인이 빨리 잡히길 바라며
술을 마셨습니다
헤어지는 길
친구들이 음주운전을 하려고 합니다
말려봅니다만 소용이 없습니다

- 딱 3잔만 마셨어
- 난 불어도 안나온다니깐
- 대리운전이 전화를 안받는다
- 이 시간에 단속하면 내 손에 장을 지져라
- 비 오는 날 단속하는 거 봤냐
- 난 골목길로만 다녀
- 로타리에 차를 세우고 확인하면서 가면 됨
- 단속하면 앞차가 전화해 주기로 했어
- 이 먼 거리를 어떻게 차 가지러 오냐
- 이 동네는 내 친구가 단속반이야

모두가 사라졌습니다
어쩌면 범인은
우리들 중에 한 놈 같습니다

@ 핑계들이 너무 리얼해서 경험이 있지 않나 싶기도 합니다
@ 면허취소 경험이 있습니다, 지금은 음주운전 안합니다 ← 절대로 한섬아이 아님
@ 태국에서는 처벌로 영안실의 시체를 닦게 합니다

마지막 술 이야기 (1)

술에 취한
내 꼬라지를 본다

똥물까지 게우고
식은땀을 흘리며
벽을 벅벅 긁는다

술에 취한
내 육체를
천장에서 내려다본다

안타까움도 잠시
영혼은 길을 떠난다
한잔 더 하러

@ 한잔 더 하러.... 정말 공감가는 대목입니다
@ 정신도 없는 육체가 집을 어떻게 찾아가는지 신기해요
@ 난, 출근하던 시민들이 내려다보던 걸....

마지막 술 이야기 (2)

비가 와서 한잔했지
삼겹살로 1차
골뱅이로 2차
통과일로 3차

깨어보니 술집이네
친구도 없고 돈도 없고
그래서 도망쳤지 술집 창문으로

어
있
고
지
어
떨
금
지
나

술집이 4층이야

> @ 통과일 집은 주로 지하에 있는디???
> @ 나 지금 떨어지고 있어, 아니, 나 지금 올라가고 있어, 하늘나라로....

마지막 술 이야기 (3)

눈 내리고 바람 불건만
똥이 되어 찾아간
단골집 문턱엔

싸늘하게 얼어붙은 내 육체가
몽롱한 정신보다
먼저 와 있었다

@ 똥, 떡, 개 순인가요?
@ 개, 떡, 똥 같습니다
@ 살아있으면 행복한거야....

마지막 술 이야기 (4)

정신이 빠져나와 술 덕분에
술 덕분에 사랑도 하고
제 육체로 들어갈 수 없었지
친구도 하고 술 덕분에
그 정신이 술 때문에
술 덕분에 세상사 모두 잊고

@ 대충 해석하시든가, 아니면 단어의 순서를 바꾸어서 멋진 시로 만들어보세요
@ 이것도 술 때문에 죽었다는 얘기겠지요....

마지막 술 이야기 (5)

내 지갑을 꺼내간다
소리치려고 해도
움직이려고 해도
할 수가 없다

뒤통수가 아찔했다
그래 당한거야
술냄새를 쫓아서
어둠을 친거야

3차는 과했어
2차에 취했어
아내와 다투지만 않았더라면
내가 잘못했는데

뒤늦은 후회와 함께
한기가 스믈 기어오른다

@ 항상 후회하며 살고 있습니다
@ 후회할 때는 늦습니다
@ 본인도 모르는 죽음

Once upon a time in KOREA

못생기고
키도 작지만
공부는 잘했습니다

돈이 없어
대학은 못갔지만
공채시험에 합격했습니다

봉급도 작고
보너스도 작지만
끗발은 좋은 자리입니다

아내 볼 시간 없이
아이 볼 시간 없이
주말에도 근무했습니다

무릎 꿇고 술잔 올리고
무릎 꿇고 술잔 받고
아부의 극치를 달렸습니다

위장약 먹고
간장약 먹고
오바이트하고 또 마셨습니다

술 약한 동료들은
하나 둘 떨어지고
술이 쎈 저만 남았습니다

진급을 한 만큼
봉급이 오른 만큼
혈압도 올랐습니다

술로 지위를 과시하고
술로 능력을 평가받는
이 사회가 싫습니다

이제는 아내와
이제는 아이와
같이 함께 살고 싶습니다

@ 술빨이 좋을수록 사회생활은 유리하지....
@ 난 왜 약한 거야, 흐흐흑
@ 그래도 그때가 인간적이었다고 말하는 사람들도 있어요

술 마시다가 도망가도 됩니다

술에는
장사가 없습니다
술 마시다가 도망가도 됩니다

1차에서 도망가든
2차에서 도망가든
선배를 두고 가든
후배를 두고 가든
사장님을 두고 가도 됩니다
회장님을 두고 가도 됩니다

다만
술한잔 산다고 해놓고 도망가면 안됩니다
술한잔 산다고 해놓고 도망가면
맞아 죽어도 쌉니다

@ 사장님을 두고 갔다고 설마 짤리진 않겠지요?
  - 사장님은 내일 근무 잘하는 직원이 좋지요
@ 술 마시다가 도망가는 사람은 진짜 의지가 강한 사람입니다
@ 내일부터는 무조껀 튄다!

그래서 바보

쏠
까
말
까
갈
등
이
다

한 친구는 망했단다
한 친구는 이혼했단다
갑자기 내가 행복해졌다

@ 5555555....
@ 또 빵꾸
@ 남의 불행은 나의 행복
@ 나중에 한 친구는 재기하고, 한 친구는 재혼하고, 쩝!!!

냉장고

모처럼 열심히 일하고
모처럼 커피도 한잔하고
모처럼 편지도 쓴다
이게 여유인데

TV를 봐도 재미가 없고
짜파게티를 먹어도 맛이 없다
벨소리는 환청으로 들리는데
잃어버린 핸드폰은 어디에 있는지

@ 완전 공황장애
@ 냉장고, 검은 비닐봉지를 열어보세요
@ 전화했더니 택시에 있는데, 그 택시는 여기에서 5만원 요금 거리에 있답니다

박제된 꿈

곰취가두릅에게아침인사를한다도라지가더덕에게몇살이냐고묻는다조개가전복에게취직이안된다고말한다멸치들이뛰다가조기들에게부딪힌다닭이돼지에게돈이많았으면좋겠다고말한다문어는자식을많이두고싶다고소원한다아내는술안주로남편이좋아하는오징어를꺼냈다

@ 안주가 개락이다
@ 열 때 조심조심! 발등 찍혀요....
@ 정전이 되었다, 박제가 풀렸다

우리 집에는

갈비도 있고요
굴비도
문어도
골뱅이도
옥수수도 있지요

모두 냉동실에 있지요

하나는 작년 것
하나는 그러께 것
하나는 그 그러께 것
하나는 그 그 그러께 것
하나는 그 그 그 그러께 것

@ 버리긴 아깝고 금방 먹으려고 검은 비닐에 담아서 넣어두었다가 잊어버리지요
@ 술은 있을 틈이 없제? ㅋㅋㅋ
  - 술도 있다.... 집에 술은 맛이 없다
@ 하긴 같은 술이라도 집에 꺼는 맛이 없지.... 분위기 탓인가....
  - 그거르마리라고하나

라이타는 돌고 돈다

제주도에 여행갔던 친구를
누가 우연히 만났는데
그가 동창회에서
자신에게 말했단다

결론은 이거다

너의 첫사랑을
누가 제주도에서 만났대
족발집을 크게 하는데
아직도 너를 사랑한단다

자리가 끝나고 빈 테이블에서
노처녀 은숙씨는 라이타를 하나 주웠다
제주 왕족발
064 - 733 - XXXX

@ 은숙씨, 빨리 전화해!!!!!
@ 라이타와 우산은 돌고 돌지요
@ 저는 은숙씨 전번이 필요합니다

동해호 선장

그녀는 학벌을 원했고
그녀는 재산을 원했지
죽도록 고기를 잡아도
비린내 사랑은 싫다네
술한잔 하면은 떠나는
찰나의 욕망은 서글퍼
이제는 사랑을 버렸어
엄니도 기대를 버렸대
살다가 살다가 딱한번
인어를 만났음 좋겠네

@ 원양어선을 타세요, 인어는 덴마크에서 자주 보인답니다, 안데르센 동화에 나와요
@ 용대야, 올해는 꼭 장가 가기를,
@ 용대씨, 은숙씨는 어때요???

꿈은 이루어진다 (1)

따뜻한 남쪽나라
어느
작은
섬에서

야자를 마시고
수영을 하고
해먹에서 잠이 드는
그 꿈이 이루어졌다

참치잡이는 너무 힘들다
처가살이는 더욱 힘들다
국제결혼은 진짜 힘들다

@ 혹시 용대씨가 국제결혼 한건가요?
@ 사랑이 아무리 커도 문화 차이를 극복하기는 힘들지요
@ 거기는 바퀴벌레가 너무 커요

기러기 아빠

나가봐야 돈만쓰니
방콕 또 방콕
소주한잔 빨래하고
빨래하고 소주한잔

아이들의 얼굴이
텔레비에 서려오면
방바닥 머리카락
줍고 또 줍네

> &<이런 글도 있지요>
> / 어학연수도 못보내고 / 영어캠프도 못보내고 / 꽃등심이 먹고싶다는 아이를 끌고 / 포장마차에 앉았다 / 우동그릇을 놓고 / 사랑하는 우리아이 생일 축하합니다 / 그때 / 옆 손님이 괜한 시비를 걸어왔고 / 다투다가 그만 웃고 말았다 / 우리 가족이 너무 행복해 보였다나 / (그 손님이 기러기 아빠 같습니다)

기러기 엄마

앞으로의 세상은 한국이 지배한대
그래서
한국말 배우러 왔어
우리 아이 데리고

나, 동남아 재벌 와이프
나, 돈 많아
나, 빽 좋아

얼굴색 검다고 무시 좀 하지마
불법 체류자로 오인도 받고
자기네 공장에서 일을 하라고
돈 많이 줄테니 모텔에 가자고

나, 무시당하고는 못살아
나, 돌아갈래
나, 편히살래

> @ 우리도 미국 가면,,,
> @ 어쨌든 대단한 나라입니다
>   - 대, 한, 민, 국, 짝짝 짝 짝짝,

슬픈 현실

몇천을 날리고도
몇백을 떼이고도
몇십을 잃고도
그래도 참았는데

오늘 택시비 5460원
기사님이 5500원을 받았다
40원 거슬러 달라고
대판 싸웠다

@ 카드를 쓰세요
@ 큰 일에 용서하고 작은 일에 목숨 걸고.... 내 얘기
@ 김수영의 시 <어느 날 고궁을 나오면서>가 생각납니다

아빠는 항상 늦지

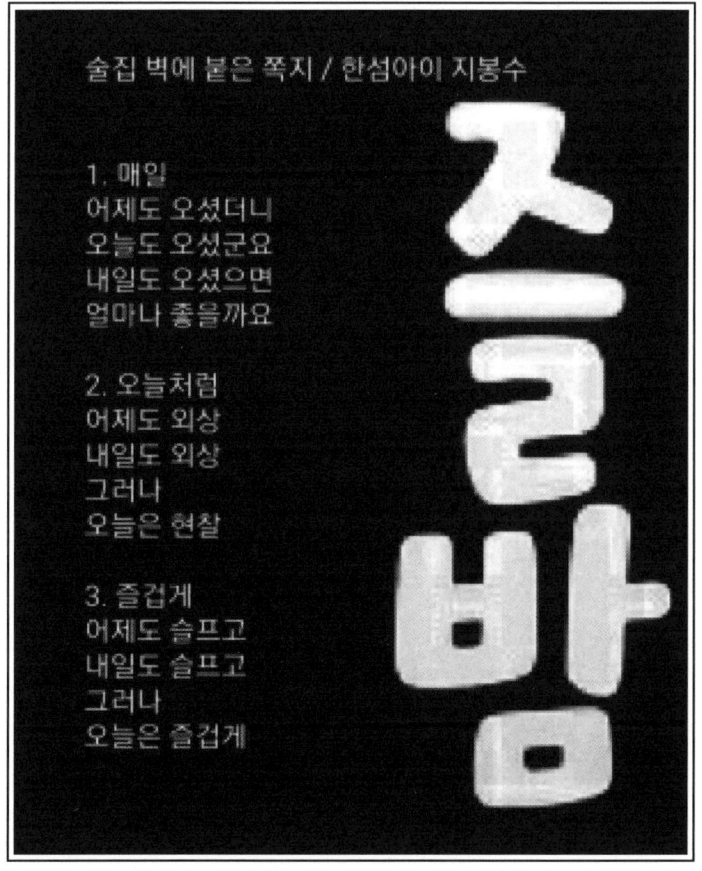

동해시 천곡동 이주민상가 〈즐밤〉 소주방
- 가자미조림

관점

당신은 야망이라고 말하고
세상은 욕심이라고 말하고
병원에서는 스트레스라고 말하고
법의학에서는 사인(死因)이라고 말한다

@ 백수는 과로사라고 합니다
@ 결국은 가늘고 길게 살라는 이야기
@ 나이 먹으니 〈똥고집〉이라고 합니다

국수

어제는 어디에든 계시더니
오늘은 어디에도 없다
어리광도 부리고
떼도 쓰고 싶은데
자식 앞에서
울 수는 없다
울고 싶으면 국수를 먹는다

@ 울고 싶으면 양파를 썰고 또 썰고....
@ 저는 홍두깨만 봐도 울컥,
@ 실컷 울고 나면 이상하게도 마음이 편합니다

삼겹살이 최고다

한때는 빌딩 하나쯤은
예전엔 아파트 한동쯤은
지금 생각은
아파트 한채도 어렵다

돈이 없으니깐
돈만 없나
간도 없지
쓸개도 없지
배짱도 없지
사기도 못치지

그들은 무얼 먹고 살까
모르겠다
오늘 삼겹살 진짜 맛있다
지금 나는 행복한 놈입니다

@ 고등어구이, 김치찌개, 방금 먹었습니다, 누구보다도 행복합니다
@ 삼겹살에 소주 한잔, 더 없는 행복이지요
@ 없는 거 천진데 행복은 있네요

당신은 로또

너는 후라이드를 좋아하고
나는 양념을 좋아하고
너는 다리를 좋아하고
나는 날개를 좋아하고
너는 닭살을 좋아하고
나는 껍질을 좋아하고
개코나 맞는 게 하나도 없는데
남들은 우리가
닭고기를 좋아한다고 말을 하지

@ 남는 게 없네요
@ 우리집도 저는 콩나물만 먹고 신랑은 국물만 먹고
@ 원장님, 시 빨리 써주세요
 - 현철이네 치킨집에 이 시가 걸린다면 한섬아이도 영광이지요, 결혼 축하합니다

체육대회에서

아들과 함께 공을 찼다
이렇게 행복할 수가

딸과 함께 계주를 했다
지금 죽어도 좋다

아내와 함께 춤을 췄다
절대 죽을 수 없다

@ 지금 죽어도 좋다, 와 절대 죽을 수 없다, 어느 쪽이 더 행복한 건가요???
@ 아직은 남 주기 아까운 모양입니다 ㅋㅋ

여우

여우하고는 살아도
곰하고는 못산다는 이야기가 있습니다

여우랑 결혼을 했습니다
살림 잘하고
아이 잘 키우고
한없이 행복했습니다

아이가 커가면서
학원비 과외비 교습비
돈타령이 시작되었고
아내는 장사를 시작했습니다

열심히 일했습니다
일 좀 하면 살 좀 찌고
일 많이 하면 살 많이 찌고
일 엄청 하면 살 엄청 찌고

피곤해서 붓고
열받아서 먹고
운동은 하지 않고
결국은 곰이 되었습니다

아이에게도 빵점입니다
남편에게도 빵점입니다
옆구리 쿡쿡 찔러도 코만 곱니다
이제는 여우랑 살고 싶습니다

@ 한섬님, 내 속에 들어갔다 나왔슈?? 딱 내 말이네
@ 토끼 → 여우 → 곰으로 진화합니다
@ <집 들어오는 여우 없고, 집 나가는 곰 없다>

아빠는 항상 늦지

보행기를 사왔을 때
넌 이미 걷고 있었지
한글을 가르치려 했지만
넌 영어학원에 갔더구나

남자는 자고로 여자를
말해주고 싶었지만
넌 데이트를 하고 있다지

오늘도 아빠는
텅 빈 네 방을 서성인다

@ 엄마는 항상 속 터지지
@ 더 늦기 전에 대화를 하세요, 아니, 아이의 이야기를 들어주세요
@ 항상 바쁜 아빠 덕분에 잘 컸다는 걸 알겁니다

자랑을 한다

자기 차가 더 좋다고
자기 집이 더 비싸다고
서로 자랑을 한다
끝이 없다

자랑할 게 없는 나는
4번 자세와 7번 자세를 섞어서
오늘 아침에도 했다고 했다
끝이 났다

@ 4번은 풍차 돌리기, 7번은 코브라 트위스트, 맞나???
@ 우리 나이에 자세를 바꿔가면서 하는 거, 그게 자랑이다
@ 108번 자세를 시험해 봐야 하는데....

안 울려고 했는데

신랑이
맨발로 왔다
양주 맥주 폭탄주를 마셨대
울었다

신랑이
남의 신발을 신고 왔다
소주 맥주 쏘맥을 마셨대
또 울었다

신랑이
오늘은 조금 마셨는지
자기 구두 한짝
남의 구두 한짝을 신고 왔다
안 울려고 했는데
둘 다 왼쪽 구두였다

@ 가키야, 고맙다, 네 이야기로 한 편 썼다
@ <어느 구두공장 데모이야기>
 - 파업을 했는데 놀 수는 없고, 왼쪽 구두만 계속 만들었다나....

눈물이 납니다

무능한 신랑 때문에
서러워서 눈물이 납니다

직장도 별로
월급도 별로
사랑한다 말도 못하는
신랑이 미워서 한잔했습니다

머리도 아프고
속도 쓰리고
걸레에 묻은 김조각
어젯밤 오바이트한 기억이 납니다

말없이 청소해준 당신
행복해서 눈물이 납니다

@ 밉다가도 사소한 것 하나에 감동을 받고....
@ 그래서 같이 삽니다
@ 제 이야기를 하신 것 같습니다, 하지만 청소는 제가 한답니다

귀신이랑 산다 (1)

여보!
- 밥 달라고!!!
여보!
- 핸드폰 달라고!!!
여보!
- 리모콘 달라고!!!
여보!
- 그냥 자요, 힘도 없으면서,

@ 시상을 주신, 조원선 시인님 감사합니다
@ <자녀도 귀신>
   됐나? - 쪼매만 더요
   됐나? - 쪼매만 더요
   됐나? - 쪼매만 더요
   - 어무이요, 고만 됐다카소, 울 아부지 잡겠씸더!!!

귀신이랑 산다 (2)

상가집에 가야 해요
- 술먹지마!
친구 어머님이 돌아가셨어요
- 술먹지마!
당신은 모르지만 친한 친구거든
- 술먹지마!
그 어머님이 만든 만두국이 맛있었는데
- 만두국은 작년에 돌아가셨잖아!!!

@ 그 귀신이 놔주는 순간, 당신은 골로 갑니다
@ 시장에 가는데 왜 리모콘을 가지고 가는 거야!!!

단풍

늦기 전에 사랑하라
이 가을이 전하건만,,
밥벌이도 핑계라고
미루고 또 미루니
저들만 낯거리에
뻐얼겋게 흥분했네

@ 낯거리, 단어만으로 흥분이 됩니다
@ 낯거리는 개뿔, 밤거리도 까마득하다
@ / 이 좋은 날엔 / 빨래를 하고 싶다 / 빨래 저 끝에 / 내 마음마 저 널고 싶다 /

추억 여행

노란 읍사무소 사거리에서
빨간 우체국 쪽으로
초록 꽃가게를 지나서
파란 건강원 골목으로
까만 기차 굴다리를 빠져서
하얀 아카시아 향기를 따라간다
모두가 그대로다
당신만 없다

@ 그 길을 따라서 못둥지까지,
@ 그 당신도, 그 길을 걸었을 겁니다
@ 있을 때, 잘해야 합니다

살다보니 (1)

별일 아닌 것을 아내와 다투고
달빛 으스름한 까페에 앉았다
미안한 마음은 핸드폰만 만지고

그때 문자가 왔다
- 잘 지내시죠?

그녀였다

@ 마누라예요? ← 바보!
@ 누굴까요???
@ 그래서요???

살다보니 (2)

피곤한 세상
피곤한 출장
실적도 없이 돌아오는 길
옆자리의 언니가 이쁘다
자는 척 머리를 기울이자
그녀가 내게 기대어왔다

@ 그래서요???
@ 표를 살 때, 그녀의 바로 뒤에 붙어야 합니다
@ 그녀도 실적이 없었던 모양입니다

잘 산다고 들었다

첫사랑이라, 사랑만 했다
외출도 안했다
추녀끝 물 떨어지던 소리
또렷하다

똑

똑

똑

 틱

@ 잘살면 배아프고, 못살면 가슴아프고, 같이 살자면 머리아프고,
@ <틱>은 바람이라....

20년 후

한잔만 더하고 헤어지자는
그녀의 눈빛에는

입영열차를 따라서 뛰던
그날처럼

비가 내리고 있었다

@ 한잔만 더했더라면....
@ 돌아오시는 것이 맞습니다
@ 상상으로 영화한편 찍었습니다

청량리발 강릉행 급행열차

형들에게 깨지고 누나들에게 치이고
왜 절 낳으셨나요 원망도 했었지만
그 와중에 살아남는 법도 배웠지
나 이제 피로와 친구로 살며
세상풍파에서 아버지를 일으킨
그 새벽기차에 감사한다

@ 세상풍파에서 아버지를 일으킨.... 아슬아슬하게 절묘합니다
@ 청량리에서 밤 10시쯤 출발, 아침 6시쯤 묵호를 지나갔습니다
@ 강원도 명주군 묵호읍 발한리

동해시는 (1)

아담하고 조용하고
춥지도 않고 덥지도 않고
사람보다 택시가 많은 동네
살기는 좋지만
〈돈벌이는 어렵지〉
그리고 첫사랑 그녀의 고향

타향도 정이 들면 고향이라고
제대를 하고
결혼을 하고
사업을 하고
아파트를 사고

도배를 해서 몰랐는데
천장에서 물이 샌다
윗층을 두드렸더니
빼꼼 문이 열린다
그녀였다

@ 동해시는 가자미 세꼬시가 맛있지
@ 텃세가 없어서, 누구에게나 고향 같은,
@ 궁금합니다, 2탄도 올려주세요

동해시는 (2)

여름에는 시원하고
겨울에는 따뜻하고
특히 겨울에 운동하시는 분들이
전지훈련을 많이 옵니다

〈두타산성〉이라고 있는데
고구려와 신라의 경계라고도 하고
왜구가 쳐들어와서
쌓았다고도 하고

하여간 그 산성이
바람을 둘로 나누어서
강릉도 춥고 삼척도 춥지만
가운데의 동해는 춥지 않습니다

동해로 오세요
한겨울을 즐겨보세요
이런 이야기도 있습니다
그 산성을 외계인이 쌓았다는 것

@ 대구는 더 덥고, 대구는 더 춥고,
@ 동해시에 와서 산 지 20년, 날씨 하나는 죽입니다

조선족 누이

그녀가 주운 가방에는
천만원이 넘는 돈이 들어있었다
그 돈이면
한국에서의 일을 그만두고
중국의 가족 품으로 돌아갈 수 있었다
더구나
돈을 더 벌기 위하여
공장에서 술집으로 일을 바꾼 후로는
불법체류자가 되어 삶이 더 고달펐다
그래도
삶이 고달퍼도
양심을 속일 수가 없었고
결국 그 돈을 경찰서에 갖다주었다

그 일 때문에
그녀는 많은 칭찬과 격려를 받았고
그 일 때문에
이민국에 체포되어 중국으로 보내졌다

@ 착한 끝은 늘 그래요.... 나중에 복 받을 거예요....
@ 씨바, 양심대로 살 수가 없다니깐....

어떤 인연

나는 태국말을 모르고
그녀는 한국말을 모른다
우리는 대화를 할 수 없었고
몸짓으로 소통을 했다

첫눈에 반한 그녀는
무척이나 예뻤고
보조개가 매력이었다

바라만 보아도 좋았고
말이 없어도 좋았고
그리고 사랑을 하고
그녀를 알게 되었다

그녀는 한국말을 모르는 것이 아니라
말을 할 줄 모르는
벙어리였다

@ 예쁜데말을못한다예쁜데말을못한다예쁜데말을못한다예쁜데말을못한다예쁜데말을못한다예쁜데말을못한다예쁜데말을못한다예쁜데말을못한다예쁜데말을못한다예쁜데말을못한다예쁜데말을못한다예쁜데말을못한다예쁜데말을못한다

@ 잔소리만 안 듣고 살아도 그게 어딘데....

@ 낙장불입

키 텃(khi that)

그녀는 내 사랑이 작다고
떠나갔습니다
그녀는 K-pop을 공부한다고
떠나갔습니다
그녀는 편하게 살고 싶다고
떠나갔습니다
모두 한국으로 시집을 갔고
늙은 신랑과 농사를 짓고 산답니다
나는 공무원인데
주위에 사랑할 여자가 없습니다
한국에서는 조또 모르고
동남아에는 게이가 많다고 씨발댑니다

@ 키 텃(khi that) - <이런 젠장>을 의미하는 베트남 단어
@ 욕이 나올만합니다
@ 죄송합니다....
  - 완교야, 딸 쌍둥이 이뻐 죽겠지!

나따샤

어떤 비자로 왔든
돈벌이가 좋았고
결국 눌러앉았다

어떤 일을 해도
힘들기는 마찬가지
결국 술집에 왔다

파란 눈의 바비인형에게
남자들은 줄을 섰고
그 줄을 따라서
이민국에서 왔다

그녀는 러시아로 보내졌고
다시는 입국할 수 없게 되었지만
딱 3달 후
여동생의 여권을 들고
게이트를 통과했다

@ 그래서 그녀는 지금 어디에 있나요?
   - 야 니 즈나유
@ 나따샤 보다는 안젤리나가 예뻐요

이혼을 하려고 합니다

소꼽친구

셋이 정답이다 / 한섬아이 지봉수

언제부턴가
술자리를 가리게 되더니
언제부턴가
술종류를 가리게 되더니
이젠 혼자가 좋다

그래도
말다툼할 친구 하나
말려줄 친구 하나
두명 친구가 그립다

그래
술은 셋이 정답이다

동해시 협성상가 〈소꼽친구〉 소주방
- 웨이팅 있음

베트남 출장

사업상
그 술집을 다시 가게 되다니
사업상
꽁까이를 고르게 되다니

나의 쵸이스는 한결같다
하얀 얼굴
입가의 보조개
멀리서 봐도 그녀였다

큰 키를 제외하면
이 아이는
20년 전의 그녀와
똑, 같이 생겼다

@ 라이따이한, 필리핀에서는 코피노
@ 머리카락 하나 받아오세요
@ 내가 썼지만 참 잘 썼다

노이로제

그의 옷에서 긴 머리카락이 나왔을 때
그녀는 달달 볶았고
그의 차에서 갈색 머리카락이 나왔을 때
거의 달려들었고
그의 여행가방에서 노란 머리카락이 나오자
제 정신이 아니었다

그녀의 증상은 심해졌고
아무것도 찾아내지 못하자
대머리 여자를 만나냐고 소리쳤다

이제는 그가 노이로제 상태가 되었고
더 이상 여자를 만나지 않았다
그는 양성애자였다

@ 헉! 뭐야, 이거

부러운 놈

술을 마셔도 괜찮다네
외박을 해도 괜찮다네
그리고 예쁘고
처가도 잘 살고

나는 안다

친구가
전생에서 나라를 구한 것이 아니라
부인이
현생에서 벌을 받고 있다는 것을

@ 그런 여자 또 없나요?
@ 부인이 포기한 놈
@ 울 마누라는 전생에 자명고를 찢었답니다
@ 그 또라이를 모시고 사는 걸 보니 그 부인이 죄가 크긴 큰 모양이다

꿈은 이루어진다 (2)

혹 울 마누라 죽고
혹 당신 신랑 죽거든
우리 다시 옛사랑을 이루자고
맹세했건만

나 죽어 하늘길에서
뚱뚱한 아줌 하나 만났네
그 집 신랑이 울 마누라랑
동창이라나

@ 남은 분들의 기도가 더 간절했나 봅니다
@ 님의 시를 접할 때마다 떠오르는 한마디,
　웃
　프
　다

이혼을 하려고 합니다

똑, 같, 이,
나누려고 합니다

벌어놓은 돈은 없고
아파트는 융자에
적금은 대출받았고
자식도 셋이라

똑같이 나눌 수가 없네요
그냥 살기로 했습니다

개코나 가진 게 없어서
정말 다행입니다

@ 개코나 - 아주 조금이라도, 라는 뜻으로 쓰이는 듯함
@ 하나 더 낳겠습니다
@ / 이혼하고 재혼하고 / 더이상 이혼하지 않는다 / 살아보니 똑같다 / 이혼하고 재혼하고 / 참을성만 늘었다 /

마누라하고는

흔히들 말합니다
가족끼리 그러는 것 아니라고
재미없다고

과로하셔도
과음하셔도
동생은 챙겨야지요

아내들도 말합니다
하다가 잠이 드는 것은
재수없다고

@ 마누라 - 마주보고 누워라!
@ 일도(一盜) 이비(二婢) 삼기(三妓) 사첩(四妾) 오처(五妻)라
@ <사랑을 하고>
　여자 : 좋았어?????
　남자 : 좋았지!!!!!
　여자 : 좋겠네.....
　사랑은 함께 가는 것

꽉막혔다

```
가 르 치 지 않 아 도 돼
어 려 워 신 용 이 날 없
배 안 돼 손 이 든 아 으
천 는 날 아 가 발 가 면
는 채 가 깐 니 이 도 먹
기 사 지 가 모 든 주 지
갚 도 가 아 날 이 택 도
만 지 렵 어 도 출 대 마
```

&⟨이런 글도 있지요⟩

접대

```
하 니 깝 깝 했 었 지
못 기 전 쭉 풀 렸 술
을 나 술 은 필 으 을
술 병 만 해 요 면 마
을 술 지 프 슬 참 시
집 네 리 풀 술 술 니
술 과 술 어 랐 몰 땐 그
```

@ 사면초가를 연상케 하는 모양이 시를 더 즐겁게 합니다

내 월급은 300

자동차보험 30
교육보험 30
생명보험 30
화재보험 30
암보험 30
연금보험 30
상해보험 30
산재보험 30
실비보험 30
간병보험 30

> @ 넣자니 죽겠고, 안 넣자니 죽을 것 같고....
> @ 불안하면 가난한 것!
> @ <꽉막혔다> 못 읽은 분은 시계방향, 오른쪽으로 돌아가며 읽으세요

복권이 당첨되길 바란다면

복권이 당첨되길 바란다면
최소한 복권은 사고 기도를 합시다
복권도 사지 않고
당첨되길 바라는 사람이 있습니다

부자가 되기를 바란다면
최소한 쓸데없는 지출은 하지 맙시다
복권이나 사면서
부자가 되기를 바라는 사람이 있습니다

@ 그래도 그래도 오늘도 5천원만,
@ 인생역전이 인생여전입니다
@ 추첨하는 날까지의 기다림의 즐거움만 사십시오
@ 님의 시는 보물찾기 같아요

꿈은 이루어진다 (3)

어느 분야든지
모르는 것이 없는
귀신이 되고 싶었습니다

어느 순간부터
추측이 맞고
예상이 맞고
로또 1등을 맞출 수가 있었습니다

나는 기쁨의 함성을 질렀고
거울 속에 나는
울고 있었고

@ 로또는 귀신도 못맞춥니다
@ 간 겨?
@ 저는 사행심 있는 것은 절대로 안합니다

이혼을 했습니다

밥하기 싫어서
빨래하기 싫어서
결혼을 했습니다

밥하기 싫어서
빨래하기 싫어서
이혼을 했습니다

사랑하고 싶어서
섹스하고 싶어서
결혼을 했습니다

사랑하고 싶어서
섹스하고 싶어서
이혼을 했습니다

@ 같은 이유로 결혼을 하고, 같은 이유로 이혼을 하고, 마음대로 살 수 있다면 얼마나 좋을까요....
@ 가정을 위하여 아이를 위하여 - 서로의 양보와 희생이 필요합니다
@ <유성현> 다다이즘화 꼴라쥬 에세이의 참맛을 보여줍니다

외식

멋진 레스토랑에서
사랑하는 우리아이
생일 축하합니다
엄마는 열심히 공부하라고
선물을 주고
아빠는 많이 놀라고
용돈을 주고
아이는 기숙사로 돌아가고
엄마는 엄마집으로
아빠는 아빠집으로

@ 지금 옆 테이블도 비슷합니다
@ 보통은 따로 따로 축하를 하지요
@ 결혼은 판단력 부족, 이혼은 인내력 부족, 재혼은 기억력 부족,

새대가리

〈내가 살아주까〉
마담의 한마디에
고민에 빠졌다
투쟁 투쟁
어떻게 쟁취한 자유인데

@ 내가 살아주까 = 빨대 좀 꽂아볼까
@ 자유냐? 섹스냐?
@ 그 마담은 거머리,

나의 문제점

1 항상 피곤하다
2 코를 곤다
3 집중력이 떨어진다
4 기억력이 떨어진다
5 혈압이 높다
6 속이 쓰리다
7 눈알이 깔깔하다
8 그녀가 보고 싶다
9 술을 많이 마신다
10 발기가 잘 안된다

9번을 해결했더니
모든 문제가 사라졌다

@ 9번 해결이 죽기 보다 어렵다
@ / 간수치가 높아도 / 씩씩하게 마셨는데 / 자식 등록금이 없어도 / 뻔뻔하게 마셨는데 / 오늘 이빨이 아프니 / 깨갱 /

주방이모는 미인이었다

주방이모는 미인이었고
우리는 그 식당에 단골이 되었다

사별하고 혼자 산다는 그녀는
술을 권하거나
야한 농담을 하면
화를 내면서 주방으로 돌아갔다

유방암 수술 후에
한쪽 가슴이 없다는 것
그래서 뽕을 넣었다는 것
그래서 성격도 이상하다는 것

우리들의 관심에서 잊혀질 즈음
지나가는 얘기를 들었다
그녀가 좋은 사람을 만났고
그녀의 가슴은 너무 예뻤고
그 뽕은 뻥이었다고

@ 얼굴만 이쁜기 아니고 지혜로운 여인입니다
@ 어떻게 이런 글을 쓸 수 있을까?
@ 야하면서 결코 추하지 않은 한, 섬, 아, 이,

주방이모

그녀는 잔소리를 들을 때 마다
고기와 해물을 마구 소비했고

식당은 망하지 않고
손님은 계속 늘었다

@ 어디예요? 이모님 보러(?) 가려구요
@ 우리 식당으로 스카우트하고 싶습니다
@ 오늘부터 잔소리 들어갑니다, 책임지세요

숫놈은 암놈을 찾는다

그래도
여자가 따라야 제맛이지
먼 길 돌아간 소주방에서
주문은 하지 않고 농담만 날린다

술이나 마시자고
말을 하지만
안주를 내어놓는
마담의 손길만 따라다닌다

술에 집중하자고
말을 하지만
안주가 죽인단다
돼지고기가 암놈이란다

@ 꽃게도 암놈이 맛있습니다
@ 그래도 여자가 따라야지 - 장모님 말씀
@ 입은 닫고, 지갑은 열고,

하이트 그리고 테라

하이트 세상이었지
니도 돈이 있고
나도 카드가 있고
순하니깐 마시고 또 마셨지

IMF가 터졌어
카스를 타서
쏘맥을 마셨지
얼른 마시고 얼른 취하려고

이젠 자극이 싫어서
테라를 마시지만
단란에서는 테라를 팔지 않아
병이 투명해서 작업을 못하거든

〈테라 투〉가 나왔으면 좋겠어
보라색 병에 속은 보이지 않고
도수는 6.9도
팍, 가도록

@ 필리핀의 레드홀스가 쎄지요
@ 반 박스는 빈 병에 마개를 막아서 주던 집도 있었지
@ 작업을 하다가 들키면 쓰레기통의 술을 모두 마시라고 했던 친구가 있었습니다

예방접종

인체에 균을 조금 주입해서
질병에 대한 저항력을 키우는
예방접종이
삶이 고달플 때도 필요하다

어제는 많이 주입했더니
속도 쓰리고
전신이 다 아프다

@ 자~ 접종합시다, 위하여!!!!!
@ 예방접종의 부작용은 해장접종으로
@ 한섬아이님 팬클럽 <접종벙개> 어때요?
　- 콜!!!

가정 상비약

잠
안
올
때
깔
한
병

@ 그리고 이루꾸 몇 마리
@ 깔 - 까서 마실
@ 저는 요즘 〈하이볼〉 한 캔씩 마십니다
@ 책을 보세요
  - 눈이 흐려서 글씨가 보이지 않아요

즐겁게 오래 사는 법

즐겁게 사는 법

먹고 싶은 것 먹고
하고 싶은 것 하고
자고 싶을 때 자는 것

오래 사는 법

먹기 싫은 것 먹고
하기 싫은 것 하고
자기 싫어도 자는 것

즐겁게 오래 사는 법

먹고 싶은 것 적당히 먹고
하고 싶은 것 적당히 하고
자기 싫어도 적당히 자는 것

@ 그 적당히가 제일 어려워요
@ 진리는 항상 평범함 속에 있습니다
@ 적당히 살겠습니다, 돈도 적당히 벌었으면 좋겠습니다
@ <병들지 않는 법>
  / 열받기 전에 쉬고 / 아프기 전에 자고 / 병들기 전에 죽고 /

모두다 불효자

먹이고
입히고
재우고
어딜 가도 함께 했는데

효도를 바란 것은 아니지만
먼저 떠나가는 자식은 불효자다
푸들의 평균수명
13.9세

@ 저런 자식은 낳지를 말아야 합니다
@ 반려동물 장례써비스 사업이 엄청납니다
@ 거북이가 좋겠네요

핵가족 이야기

엄마가 돌아가셨어요
우리를
사랑으로 키워주시던

심장병 수술 후 3년
건강했지만
돌연사는 어쩔 수 없네요

심폐소생술도 못하고
119도 못부르고
그저 울기만 했어요
나는 멍 멍 멍
동생은 야옹 야옹 야옹

@ 1인 가구가 40%랍니다
@ 분명히 자식은 있을 텐데,
@ 저는 거세했고요, 성대제거수술을 해서 울지도 못해요

꿈은 이루어진다 (4)

아들은 키워봐야
처가집 자식이라
딸내미 잘살아야
해외여행 갈텐데

사위 사업이 팍팍한지
요즘은 전화도 뜸하다

그래도 막내딸 덕분에
태국 여행을 왔다
고년이 임신을 해서
새끼를 다섯이나 분양을 했지

@ 나는 아들만 셋, 제주도라도….
@ 강아지 한 마리 분양가, 대충 100만원
@ 웃고 싶을 땐 한섬아이의 글을 본다, 지금도 웃고 있다

오십견이 왔다

베개 하나 딸랑
노총각의 밤에
첫사랑이 다녀갔다

@ 팔꿈치도 까지고, 고뱅이도 까지고,
@ 팔베개
@ 무슨 사연이 있겠지만, 하여간 복 받을겨....

재혼 이야기

그녀였다
어릴 적 짝사랑
그 공주님이었다
그녀는 딸 하나를 키운다고 했다

내 자식 둘은 결혼만 하면 되고
나는 직장도 있고
나는 집도 있다

그 먼 길을 돌아서 인연이 오다니
파란 요정과의 사랑을 꿈꿀 때
그녀가 묻는다
돈 많아요?

@ 그만큼은 없다
@ 좋았는데....

난 아직 살아있다

오딧세이

나는 안다 / 한섬아이 지봉수

나는 안다
회식자리는 좋지만
친구를 찾아서 2차를 가는 것을

나는 안다
친구는 좋지만
그는 계산을 하지 않는다는 것을

나는 안다
마담은 이쁘지만
써비스는 엉망이라는 것을

나는 안다
내일 일을 위하여
요쯤에서 끝내야 한다는 것을

나는 모른다
어제 어떤 일이 있었는 지를

동해시 롯데아파트 입구 〈오딧세이〉 소주방
- 웨이팅 전혀 없음, 웨이팅 싫으면 여기로 오세요

그래서 혼자다

내가 좋아하는 사람보다
나를 좋아하는 사람을 만나라고 한다
내가 좋아하는 사람은
다 바람둥이고
나를 좋아하는 사람은
다 모자르다

@ 돈이 모자르다

팔자(八字)

쌩고생 하다가
귀인을 만났고
떼돈을 벌었다
그는 검소하다
값싼 옷들만 입었고
값싼 음식만 먹었고
여럿이 먹으면
꼭 〈더치페이〉를 했다
그리고
많은 여자를 만났지만
혼자 산다

@ 누군지 알겠다
@ 당연합니다
@ 내 팔자는 좋은 건지? 나쁜 건지?
@ 아직 살아있으니 좋은 겁니다

흔한 일

재혼을 했다
한 번을 더 살아도 문제는 있다
아이들도 상처가 크겠지

엄마 자식하고
아빠 자식하고 싸운다고
우리 자식이 일러준다

너희는 오누이라고
그렇게 타일렀더니
사이가 좋아졌다
너무 좋아서 미치겠다
둘이 사랑한대요

@ 답이 없다
@ 男女七歲不同席
@ 자녀들을 위하여 이혼하세요
@ 한섬아이님, 왜 이런 글을 쓰셨나요?

세상에 이런 일이

왕년에는잘나감왕년에는잘나감
교통사고를당함교통사고를당함
다죽다가살아남다죽다가살아남
합병증으로고생합병증으로고생
자살충동도느낌자살충동도느낌
운동요법실시함운동요법실시함
매일매일운동함이따금씩운동함
쪽팔려도계속함쪽팔려서포기함
병원치료안해도병원치료받아도
건강이완전회복완전회복불가능

@ <안재찬> 당장 운동하러 가야겠다, 바로 옆에 야트막한 산이 있는데 한 시간 코스로 대낄이야....
@ <3반 형하> 재찬이 좋은 데 산다.... 집들이 한 번 해라.... 내가 이과두주 가지고 갈게
@ <장재광> 형하야 갈 때, 같이 가자....
@ <한섬아이> 잘~ 논다.... 운동하라니깐.... 언제 모인다고라???

To Be Continued (계속됨)

할아버지의 아버지는 가난했습니다
못나고 못배워서
죽어라고 일만해서
할아버지를 가르쳤습니다 (天地玄黃 宇宙洪荒)

할아버지는 쫌 살았습니다
낮에는 일하고 밤에는 공부하고
장사도 번창해서
아버지를 가르쳤습니다 (가나다라 마바사)

아버지는 잘 살았습니다
대학도 나오고 유학도 다녀오고
사업도 성공해서
저를 가르쳤습니다 (ABCD EFG)

돈이 많은 저는 공부할 이유가 없었습니다
신나게 놀고 신나게 마시고
주식투자에 노름에 몽땅 날렸습니다
저는 제 자식을 가르칠 돈이 없습니다 (오 마이 갓)

돈이라도 없었으면 공부라도 했을텐데
후회를 합니다
다음에는 제 자식이
죽어라고 일해야 할 차례입니다 (to be continued)

@ 헉! 제 이야기를,
@ 4代 80년 만에 원위치, 돌고 돌고 돌고 도는 인생
@ 대를 뛰어넘는 님의 안목에 소름이 돋습니다
@ (오 마이 갓) - 왜 영어로 안쓰고 한글로 썼을까요?

〈○○○○○〉

술처먹고 지랄하더니
술 끊고 담배 끊고
친구도 끊고
설거지하네
참 좋다

경기도 없고
일도 없고
돈도 없고
그래서 끊었겠지
참 슬프다

@ 이 시의 제목으로 적당한 것은?
 1 개과천선(改過遷善)
 2 개가, 천선

아! 어무이

관절이 아프다면서
정선 산속을 황기 찾아 헤매더니
금산 가서 인삼을 사오고는
그만 누워버렸네

건강에 좋다지만
적당히 하시라고
한소리 했는데

오늘 내 생일상에
삼계탕이 올라왔다

@ 닭다리 하나, 어머님 먼저,
@ 계실 때 잘하세요!!!!!
@ 앉으나 서나 자식생각, 자나 깨나 자식생각,
 아니, 자식생각이 아니라 〈아들생각〉

엄마와 아들

엄마가 쏘는 날
아들은
저녁을 먹고 왔다고 말했지만
또 저녁을 먹었다

아들이 쏘는 날
엄마는
저녁을 먹고 왔다고 말했고
결국 굶고 말았다

@ 울 엄마도 굶었을 것 같음
@ 효자인가? 불효자인가?
@ 나는 꼭 먹고말거야

모텔을 나서며

섹스를 하고
모텔을 나서는데
여자가 팔짱을 꼈다
얼마나 좋았으면

그래도 헤어져야지
그냥은 섭섭하니
해장국만 먹고

이런 생각을 하고 있을
남자를
우리들은 째려보았고

남자는
우리들을 꼬나보았다
영감들도 옛날에 그랬잖아

@ 요즘은 무인텔, 좋아요
@ 무인텔 가보고 싶다
@ 우리들은 째려보았고 - 절묘하게 피해가십니다

남자 이야기

한때
인테리어의 도움으로 체면도 세웠지만

이제
세월의 무게로는 도끼날을 들 수 없음에

오늘
도끼자루의 마음으로 다마를 뺀다

@ 단디바라단디바라사리아니다사리아니다단디바라단디바라사리아
니다사리아니다단디바라단디바라사리아니다사리아니다단디바라
단디바라사리아니다사리아니다단디바라단디바라사리아니다사리
@ 난 필름

든든하다

복권이 당첨되면 좋겠지만
그럴 일은 없다
그래도
복권 한장 품고 있으면
괜히 기분이 좋다
오늘은 친구놈에게서
비아그라를 한알 뺐었다

@ 복권은 일주일 행복, 그것은 일년간 행복
@ 자동차, 트렁크, 사물함, 필름통, 기다려라
@ <이 영감탱이가>
  / 외국서 온 친구네가 / 비아그라를 선물했고 / 그 선물에 / 여러 번 감사했다 / 오늘 보니 몇 알이 빈다 /

진작 그랬으면

무식했던 부모는
칼질에 손톱을 잃고
설거지에 지문을 잃어가며
자식을 가르쳤고

대학원도 나오고
어학연수에
유학도 다녀와서
약아빠진 자식은

어설픈 취업보다
돈벌이가 나은
부모님의 식당에
눌러앉고 말았다

@ 2호점 내주어도 망했을 것 같습니다
@ 중국은 3억, 미국은 5억, 옛날 얘긴가....
@ 공부도 그만했으면 좋겠습니다

꿈은 이루어진다 (5)

저질 체력에 정력도 약해서
전복도 먹고
한약도 먹고
자식 하나 건졌다
친구들 자식은
직장에 다니는데
고등학교 졸업하는
아들 하나 건졌다
이번에
그 녀석이
여자 친구를 데리고 왔다
임신한 채로

@ 미치겠다
@ <그집 아들이 사고를 쳤고, 우리 딸이 애를 낳는다고, 손주 데려 가라고> 전화 한 통에 할아버지가 된, 종태씨 축하해요
@ 우리 아들놈은 뭐하나, 저런 본은 안 보고....

고혈압으로 쓰러진 환자가 왔다

의사선생님
- 돌아가실 수도 있습니다

자식들
- 그저 살려만 주세요

마누라
- 다시는 술을 못먹게 해주세요

환자
- 요즘 정력이 딸려서....

@ 4인4색
@ 병원 온 김에,
@ 문지방 넘어갈 힘만 있으면,

뼉다구가 닮았다

외탁을 해서 뚱뚱하다는 오빠가
먹지를 못해 뼈만 남았다고
근심 가득한 병실에는
돌아가신 아버지가 거기 있었다

@ 외탁 - 외가쪽 사람을 닮음, 엄마를 닮음
@ 술버릇, 성질머리, 보증 서는 것까지 닮았지요....
@ 언니보다 내가 얼마나 더 예쁜데, 나가면 똑같다고 해요, 재수없어!

무명가수 최씨는

부인의 손을 잡고
자식들에게 둘러싸여
의사선생님께 부탁한다
조금만 더 살게 해달라고

잠깐 조는 사이
한 천사가 건네주는
마이크를 움켜쥐느라
얼른 세상줄을 놓아버렸다

@ 아직은 억울해서 못간다고 전해라 1
@ 아직은 억울해서 못간다고 전해라 2
@ 천사도 힘든 직업 같습니다

이 땅의 아버지

그놈의 등록금 때문에
그저
소주만주소
소주만병만주소

나 이제 간경화되어
너에게 유언한다
돈 많이 벌고
좋은 술 마시거라

혹 양주잔에
내 얼굴 서리거든
애비 손이라 생각하고
도우미 가슴 한번 만져다오

@ 거꾸로 읽어도 〈소주만병만주소〉
@ 유언인데, 지켰으리라 믿는다
@ 아버지! 왜 저를 구치소에….

인연

나는 그녀를 몇번 만났다
노량진 학원에서
대학교 축제에서
학부모 간담회에서
지자체 야시장에서
오늘 그녀가 이사를 왔다
하늘정원 납골당
우리 동으로

@ 축하해야 하나요?????
@ 천년이 가도 난 너를 잊을 수 없어~~
　사랑했기 때문에~~ (천년의 사랑)
@ 못했구나!

난 아직 살아있다

소싯적 무림에서
고수들과 싸울 때
난 〈금강불괴〉인 줄 알았는데
난 〈만독불침〉인 줄 알았는데

태극권을 연마해도
십팔기를 연마해도
세월 때문인지
패하는 날이 많아지니

이젠 삼십육계를 쓴다
싸워서 이기지 못할 자리는
도망이 최고다
술자리에서도 그게 최고다

@ 금강불괴 - 다이아몬드처럼 단단한 신체
@ 만독불침 - 어떠한 독에도 상하지 않는 신체
@ 헉! 〈무협지〉까지 읽으셨네요....

술집 벽에 붙은 쪽지

1. 매일
어제도 오셨더니
오늘도 오셨군요
내일도 오셨으면
얼마나 좋을까요

2. 오늘처럼
어제도 외상
내일도 외상
그러나
오늘은 현찰

3. 즐겁게
어제도 슬프고
내일도 슬프고
그러나
오늘은 즐겁게

@ 1번, 2번은 많이 보았어요
@ 그 옆에 붙은 쪽지
  - 여자친구가 바뀌어도 아는 척하지 않겠습니다
@ 술 좋아하는 거 보니 님도 어지간히 사람 좋아하는 갑소

셋이 정답이다

언제부턴가
술자리를 가리게 되더니
언제부턴가
술종류를 가리게 되더니
이젠 혼자가 좋다

그래도
말다툼할 친구 하나
말려줄 친구 하나
두명 친구가 그립다

그래
술은 셋이 정답이다

@ 쏘맥도 소주의 양이 많으면 마시기 싫어요
@ 너는 소주, 나는 맥주, 쟤는 막걸리, 젤 좋습니다
@ 나도 쏘고 너도 쏘고 3차는 가야쥐....

동해 사는 지서방 / 동해시 지봉수

명천 사는 태서방이
잡은 고기를
명태라고 했다지

동해 사는 지서방이
자고 또 자도 날이 새지 않아서
동지라고 했다나

당신없는 이 밤
동지보다 더 긴 밤

@ 지봉수님은 동해시가 낳은 자랑스런 시인입니다
  - 그런 말씀 마소서, 울 엄마가 놀래요
@ 보령시에 살지 않아서 다행입니다
  - 꼭 한잔 모시겠습니다

자식이 공부를 하고 싶어 합니다

자식이 공부를 하고 싶어 합니다
생활비 쪼개서 공부를 시킵니다
별로입니다

자식이 운동을 하고 싶어 합니다
대출을 받아서 운동을 시킵니다
별로입니다

자식이 예술을 하고 싶어 합니다
집을 팔아서 예술을 시킵니다
별로입니다

자식이 사업을 하고 싶어 합니다
빚을 내어서 사업을 시킵니다
망했습니다

자식놈이 말합니다
시켜서 했을 뿐이라고
하늘이 무너집니다
그나저나
이 많은 빚은 어떡하란 말입니까

@ 잘 되면 내 탓, 못 되면 부모 탓
@ 한섬아이님에게 그런 자식이 있는지 여쭙고 싶습니다.... 아니라면 뉘 자식을 그리도 잘 아시는지요???
　- 딱 두 번에 박살내더군요, 한 번은 집안 돈, 한 번은 은행에서 빌린 돈, 제 이야기 아닙니다
@ 손 없는 날에 만들었어야 했는데....

내 자식아!

너의 꿈은 재벌2세인데
아빠가 노력하지 않는다고 했지
아빠의 꿈은 대통령인데
너를 깜빵 보내기 싫어서 포기했다

행운도 바라지 말고
복권도 바라지 말고
땀을 흘린만큼 벌고
벌은 만큼만 쓰거라

이상도 하지
부모가 재산이 많으면
자식이 일을 하지 않더구나
당연히 아빠는 성공하지 않는다

너도 성공하지 말거라
그저
세상의 중간만큼만 살거라

PS - 유산이 없어서 쫌 미안하기는 하다

@ 이런 뻔뻔한 애비가 다 있나???
@ 뻔뻔한 것도 맞고, 하는 말도 맞고....

경상도 아내

가난한 시인을 만나서
온갖 고생을 하며
아이들을 키워준
문디 가스나
그 마누라랑 한잔한다
지난 세월이 앞을 가리고
코가 메이는데
시 쓰라고 한다
얼른 볼펜을 집어드니
그게 아니란다
퍼뜩 씨쓰라고
퍼뜩 씻고 왔고
뻑 갔다

@ 울 마누라가 이 글 읽다가 의자에서 떨어졌음, 원장님 책임지세요
@ 출판하시면 무조건 구매합니다, 약속!

이제는 그런 모양이다

동해시 천곡동 〈밤마차〉
- 분위기 맛집

그랬으면 좋겠다

박쥐가 날았는지
낙타가 지나갔는지
그 밀밭에서 나온 밀가루가 문제였다

그것으로 만든 음식을 먹고
사람들이 죽어갔다
바이러스로 전파되어
세상이 죽어갔다

우연한 역학조사에서
어느 하층민을 찾아냈다
먹을 게 없어서 쓰레기를 뒤지던
그들만 무사했는데
썩은 균들로 항체가 만들어져 있었다

바이러스보다
인간이 독했다
그들의 삶이 더 지독했다

@ 이또한 지나가리라
@ 인간이 더 독하니깐

제2차 세계대전

독일이 폴란드를 침공하고
일본이 진주만을 습격하고
연합군이 노르망디에 상륙하고
히로시마에 원자폭탄을 투하하고

그때 원폭으로 생긴 바이러스가
바람을 타고 다니며
전 세계 사람들을 죽였다네

다만 한국에서만
사망률이 낮았는데
그들은 서로를 예의로 대했다네

남녀 사이에도 거리를 두었고
친구 사이에도 거리를 두었고
술잔을 받아도
고개를 숙이고
술잔을 들어도
고개를 돌리고 마셨다네

@ 사회적 거리두기
@ 기본이 되어 있는 나라

콜레라 19

개미 하나가 설사를 하더니
모든 개미가 설사를 한다
증상은 콜레라 같았다

격리를 하고
거리두기를 하고
시간이 지나니 사라지기 시작했다

개미의 사회에서 역학조사를 했다
처음 발병한 개미가 개똥을 먹었고
그 개는 사람의 똥을 먹었는데

그 설사는
변비로 미쳐가던 그녀가
처방받은 약을 두 배로 먹고
너무 급해서
길가에 갈겼다는 것이었다

@ 내 작은 실수가 그 세상에는 코로나?
@ 오른쪽 엉덩이에 점이 있는, 그녀를 공개수배합니다
@ 스티븐 킹!

아! 옛날이여

씻고 오면
또 섰는데
불끄고 오니
죽어버렸네

@ 깝깝하네
@ 재미없네
@ 이제부터는 성인고자!!!

7×7=49, 8×7=56

몸이 예전같지 않다
하초가 내맘같지 않다
한번 실패한 후로는
자신이 없다

이제는 대화를 하고
이제는 약속을 하고
말로 먼저 해본다
양기가 입에 올랐다

@ 7은 여자, 7은 늙었다, 8은 남자, 7은 늙었다
@ 50대는 5×9=45, 40일에 5번
@ 50대는 담뱃불, 빨면 선다
  - 70대는 반딧불, 불도 아닌게 불인 척 한다
@ 시인님도 늙은 모양입니다, 양기가 글에 올랐어요

소심해졌다

이빨이 시어서 인지
찬 냉면 보다는
따뜻한 칼국수가 좋다

위장이 약해서 인지
굵은 칼국수 보다는
가는 잔치국수가 좋다

이제는 늙은 모양이다
아니
솔직히 경기가 안좋다
돈 천원 차이에 소심해졌다

@ 동해시 까치분식, 잔치국수는 2024 12 23 여전히 <2,000원> - 사장님! 건강하세요....
@ 까치분식이 어디예요?
@ 묵호, 대우칼국수, 건너편 골목, 입구 오른쪽입니다
@ 대우칼국수는 어디예요?

건망증

잊는다는 것도 삶의 한 부분
육체가 쇠약해서
정신을 따라가지 못할 때
건망도 오는 모양이다

돈 받을 것도 잊고
마음 받을 것도 잊고
작게 사니 참 좋다

마누라가 부쩍 증상이 심하다
어제 분명히 했는데
오늘 안했다고 우긴다

@ 물건값만 주고 그냥 온 적이 있습니다
@ 가정의 불화는 남자의 횟수와 여자의 횟수가 다를 때 시작된다

돈많은 사내가 왜 재혼을 하겠어

술도 안한다니
담배도 안한다니
만나보고 싶었지
술담배 안하게 생겼더라

바람필 염려도 없으니
이만하면 생각했는데

밥해주고 빨래해주고
그 잔소리를 들으려니
깝깝하더라
돌아오는 길에 효자손 하나 샀다

@ 효자손은 잔소리를 안하니깐
@ 효자손은 해도 해도 죽지 않으니깐
@ 남자가 재혼하는 이유 - 떡, 떡, 떡
　여자가 재혼하는 이유 - 돈, 돈, 돈

인연 (2)

그 옛날에 갑판장이면
선장 다음으로 짱인데
왜 놓쳤는지 몰라

나 이제 죽어서
그 미련 버리는데
이 많은 귀신 중에서
날 어떻게 알아봤는지 몰라

자기가 요단강에서
배를 몰고 있다고
내려서 한잔하자는데
이번에는 확 취해버릴까 몰라

@ 이번에는 확 줘버릴까 몰라

다음 세상에서도

다시
부인을 만나고 싶습니까

저 때문에
저 대신 일을 하고
제 빚을 갚아주고
아이들을 키워주고
너무 고생이 많았어요

저는 그녀가
좋~~~~~~~~~~~~~~~~~ 은 사람을 만났으면 좋겠어요
저는 그냥
다른 여자를

@ 너가 버린 여자는, 너보다 좋은 남자가 데려간다
@ 다음에는 그녀의 빚을 갚아보세요

어머님의 수영장

팔순도 넘은 노구에
인공관절 수술을 하시고
걷지도 못하시던 어머님은

물가에 내놓은 자식 같았는데
결국
가파른 텃밭에서
수영을 하고 계셨다

평영으로 고추를 심고
배영으로 깻잎을 따고
접영으로 감자를 캐고

@ 자식들도 손주들도 먹지도 않는데....
@ 이번에 쓰러지면 병원에서 돌아가시는데....
@ 못말립니다

손가락 까딱하기 힘들다

골방에 모인 곗꾼들이 들으라고
엄니는 큰소리로 전화를 받는다
오냐 오냐 오냐
그래 그래 그래
니들 자식이 아무리 잘나도
전화하는 자식은 내 자식밖에 없다고
엄니는 전화가 끊어졌는데도
오냐 오냐 오냐
그래 그래 그래

@ 오냐 - 아랫사람의 물음에 대해 긍정하는 뜻으로 대답할 때 하는 말
@ 지금 전화드리겠습니다

가까이 사는 게 죄다

첫째가 모시라는 법도 없습니다
둘째가 모시라는 법도 없습니다
셋째가 모시라는 법도 없습니다
그저 자식이 모시는 겁니다

@ 이제는 요양보호사 이모가 모십니다
@ 저는 가까이 살아서 행복합니다

환갑(還甲)

열심히 운동을 했는데
더 아파,
건강해지지는 않고
관절이 닳는 것 같아
돈벌이도 그래
쓸데없는 짓 같아
룸싸롱도 이젠 재미없더라

> @ 이건 시인님 얘기? ㅋㅋㅋ
> @ 우승하면 뭐합니까? 내 다리 부러졌는데,
> @ <어릴 적 내 소원은 환갑까지 사는 것>

시각 차이

그의 설명에 따르면
어떤 수석은 천만원이고
어떤 수석은 부처의 형상이고
어떤 수석은 병을 치료한다고

아내의 설명에 따르면
그가 죽고 나서
돌멩이들을 내다 버리는데
꼬박 사흘이 걸렸다고 한다

@ 팔리면 돈, 안 팔리면 쓰레기
@ 어디에 버렸는지 알 수 있나요?
 - 제 글을 이해하지 못하셨네요

안마의자 600만원

취직을 했는데 실적이 없다고
아들이 부탁한다

긁어주고 안마해주고
아침저녁으로 안부를 묻는
해도 해도
잘하는 녀석

말년운이 좋다더니
홍보관 갔다가 만난
팔자에 없는 양아들
그녀석이 부탁한다

@ 다음에는 침대, 천만원
@ 더이상 살 형편이 못되면 그 아들이 말합니다, 이 할망구가….
@ 알지만 갑니다, 저는 자식이 없어요

그 녀석뿐입니다

우리 첫째
공부 잘해서
서울서 대학나왔습니다
자랑스럽습니다

우리 둘째
공부 더 잘해서
미국서 대학나왔습니다
제 자랑이 아니라 나라의 자랑입니다

막내는 공부 못했습니다
그래서 막일을 합니다
그러나
그 녀석 아니면 제사 못지냅니다
명절에 찾아오는 놈도 그 녀석뿐입니다
우리 용돈 주는 것도 그 녀석뿐입니다

@ 굽은 나무가 선산을 지킨다고 합니다
@ 학력 높을수록, 사회적 지위 높을수록 사회생활은 꽝!

묵호 이야기

가출해서 묵호항에 왔습니다
개도 오징어를 물고 다닙니다
오징어배를 탔습니다
술 고프고 담배 고프고 여자 고파도
참고 참고 돈을 모았습니다
작은 배를 사고 큰 배를 사고
철갑선도 건조했습니다
장롱이 돈으로 가득했습니다
건축업에 뛰어들었고 부도가 났습니다
도망가듯 서울로 떴습니다
붕어빵 오뎅 핫도그 장사
가까스로 가게를 마련했습니다
다섯 평 가게에서
자다가 깨어서 김밥을 말고
자다가 깨어서 라면을 삶았습니다
한 놈 두 놈 대학을 마치니
이제는 병만 남았습니다
가끔은 묵호를 지납니다
지금도 친구들은 거기 살지만
선뜻 하향할 용기는 없습니다
아스팔트 아파트 탁한 공기 속에서
동해바다가 그립습니다
그냥 딱 한 번만
오징어배를 타고 싶습니다

@ 파란 하늘과 푸른 바다가 맞닿아 어찌나 아름답던지.... 강릉에서 삼척 쪽으로 가다 보면 동해시가 있지요
  - 네, 거기예요, 동해시 묵호동....
@ 지금도 묵호에서는 말린 오징어를 팝니다,
  베트남 말로 말린 오징어(Muc Kho)를 <묵호>라고 발음합니다

내 것이 아닌 것을

버리고 또 버려도
죽도록
못 다 버리건만

더 가지질 못해
죽도록
애쓰고 또 애쓰고

금방 버릴 것을
내 것이 아닌 것을
가져가지 못할 것을

@ 저는 통신판매 중독입니다, 방구석에 잔뜩 쌓여있습니다
@ 가져가지 못하는군요
   - 가져가면 살인입니다
@ 법정스님의 <무소유> 참 좋습니다

아무도 모른다

출근길
개미를 밟았다
점심시간
파리를 잡았다
퇴근길
미친차가 달려온다

아무도 모른다
니나
나나
가나

@ 개미 목숨, 파리 목숨, 니 목숨, 내 목숨, 거기서 거기....
@ 우리들은 한 치 앞을 모르고 삽니다. 지금 이 순간에 사랑하고 행복합시다

모두가 다 아는 이야기

말기 암으로
사망 진단을 받은 사람이 있었습니다
그는 죽게 되면
자기의 재산이 소용없음을 알게 되었습니다
잘못한 사람에게 재산의 일부를 떼어주고
도움을 받은 사람에게 떼어주고
가르침을 받은 사람에게 떼어주고
나누어 줄 때마다 그의 마음은 즐거웠습니다
즐거운 마음으로 모든 재산을 나누어 주었습니다
그리고 죽기를 기다렸습니다
그런데 아무리 기다려도
죽지를 않는다는 것입니다
큰일입니다

@ 내려놓기
@ 장기를 파세요 ㅋㅋ
@ / 이사간다고 생각을 해봐 / 모두 버리게 되지 / 다음 세상으로 이사간다면 /

비결(祕訣)

돈 많이 벌고
오래 살면
그가 하는 말이 진리가 되지

모두가 존경하는 선생님
그가 남긴 유일한 메모철
정치 이야기일까
경제 이야기일까
건강 이야기일까

거기에는
빽빽하게 적힌
유머만 있었네

> @ 유머라 읽고 여유라 느낀다
> @ 나는 일단은 오래 살아야겠다
> @ 죽을 때 웃고 싶다

당신의 소원을 이루어 드립니다

몇 살까지 살고 싶습니까?
다음 보기에서 고르십시오

(1) 백살까지
(2) 벽에 똥칠할 때까지
(3) 중풍 오고 20년 더
(4) 자식 먼저 보내고
(5) 세상 돈 다 벌고
(6) 좋은 세상 올 때까지

@ 전쟁이 없는 세월을 살아서 행복합니다
@ 돌아가신 울 아버지 보다는 더 오래 살고 있습니다
@ 저는 (7) 복상사
@ / 헤어질 때 / 다음에 만나자고 / 약속을 하고 / 그 약속을 꼭 지키면 / 죽을 수가 없습니다 /

죽음은 대개

죽음은 대개 질병으로 옵니다
질병은 대개 화(火)가 많아서 생깁니다
화(火)는 대개 불만족 때문에 생깁니다
불만족은 대개 욕심이 커서 생깁니다
욕심은 대개 앞날의 걱정 때문에 생깁니다
걱정은 대개 오늘을 만족하지 못해서 생깁니다
오늘만 즐거우면 병이 생기지 않습니다
오늘만 즐거우면 평생 즐겁습니다

@ 대개 대개 하니깐 대게 먹고 싶다
@ 먹고 자두 또 먹고 싶은 자두
@ 살구는 먹어도 살구 안 먹어도 살구

이제는 그런 모양이다

늙은 모양이다
짜장면이 맛이 없다

갈 때가 된 모양이다
정리하는 버릇이 생겼다

편히 갈 모양이다
바라는 게 없다

@ 나이 드시면 소화력이 약해져서 짜장면 맛이 없어집니다
@ 가진 만큼 무겁지요
@ 하산하시게(???)

세상은

살기엔 너무 더럽고
죽기엔 너무 아름답고
그래요
세상은 더럽게 아름답습니다

@ 더럽게 - 아주 많이, 아주 심하게 라는 뜻으로 쓰이기도 함
@ 그래요, 눈물나게 아름다운 세상입니다
@ 세상은 한없이 평화로운데 마음은 온통 전쟁 중입니다

제 글을 만난 당신

당신은 행복합니다
아니
당신은 행복해야 합니다

이 글을 이해하는 당신
당신은 행복합니다
이 글을 이해못한 당신
당신은 행복합니다

이 글을 읽을수만 있어도
당신은 행복합니다
이 글이 보이기만 해도
당신은 행복합니다

@ 글을 쓴 당신이 있어서 행복합니다, 읽어주는 사람이 있는 당신도 행복하십시오
@ 땡큐, 당케, 메르시, 아리가도, 쎄쎄, 쓰바씨바, 오부리가두, 코쿤캅, 깜언, 쌀라맛 뽀뽀뽀....
@ 이제는 눈이 칭칭해요

소풍을 갔는데

설사만 하느라
먹지도 못하고
놀지도 못하면
기분이 더러울 겁니다
누가 나를
즐겁게 해주겠습니까
내가 나를
즐겁게 해줘야 합니다
우리 삶은
저 먼 엄마별에서
이 곳 지구별로 소풍을 온 것
돌아가기 전에
여행을 가세요

@ 원고 끝!!! (필리핀 세부 막탄 라푸라푸 시장에서)

| 서평 |

한섬 지봉수 선생과 글로 사귄 지는 얼마 안 되지만
꽤나 오랜 친구 같은 기분을 느낀다.
서로 사는 곳이 멀다 보니 겨우 대여섯 번 만나
밤새워 술잔을 주고 받았는데
아주 털털하고 시원시원한 성격을 엿볼 수 있었다.

한섬의 글은 언제 보아도 스스럼이 없으며
아무 부담 가지지 않고 쉽게 접근하여
마음 편하게 읽을 수 있어서 좋다.
실타래가 엉킴 없이 술술 풀리는 듯,
마치 어머님이 정성껏 끓여주신 된장찌개의
바로 그 구수한 맛이다.

먼저 사람이 되어야 글을 쓴다.
글이란 독자의 머릿속을 복잡하고 혼란스럽게 뒤얽어서는
안 된다.
맑은 눈으로 살랑살랑 꼬리를 흔들다가
툭 내던지는 반전反轉의 묘妙가 날카로우며
명쾌明快히 결론結論이 맺어지는 여운餘韻이 짭짤하다.

겨우 보름달이나 보고 멍멍 짖는 내 주제에
"누구의 글이 어떻다."라고 말할 수 없지만
나는 감히 말한다.

사람으로서 한섬이 좋고 그의 글이 좋다.

한섬은
그가 늘 바라보는 동해바다처럼
그 자리에 우뚝 서서 언제나 잔잔하다.

- 犬毛 趙源善

혹시

이 책을 선물로 받았지만

〈너무 좋다〉 생각이 들면

책값을 입금하셔도 됩니다

농협 지봉수

312 - 0226 - 4136 - 21